쉬어가도 괜찮아, 치앙마이니까

일러두기

1. 이 책의 지명과 가게명, 메뉴명은 대부분 현지 발음에 충실하게 표기했습니다.
2. 모든 정보는 2019년 8월을 기준으로 정리했습니다.

누구나 가슴속에 살아보고 싶은 도시 하나쯤은 있잖아요

당장 실행이 가능한 사람도, 여건이 되지 않아 마음뿐인 사람도 가슴속에 살아보고 싶은 도시 하나쯤은 있다. 한두 달쯤 낯선 장소에서 살아보고 싶은 마음은 뭘까? 한 달이라는 시간은 우리에게 어떤 의미가 있을까?

매일 같은 일의 반복은 인간을 무기력하고 권태롭게 한다. 원래 인간이란 지루하고 따분한 것을 못 견디는 존재가 아니던가. 나만, 당신만 그런 것이 아니라 인간은 원래 그렇게 만들어진 것이다.

살던 곳을 떠나 새로운 도시에서 잠깐 '생활'해보는 것은 똑같은 삶에 지친 사람들에게 최고의 일탈일 것이다. 게다가 '한 달' 혹은 '두 달'은 일탈의 기간으로는 가장 안전하고 적절하다. 아마 다들 같은 마음이 아닐까.

'치앙마이'는 현지인이 되어 살아보기에 그 어떤 도시보다 훌륭하다. 단돈 4천 원으로 맛깔나는 한 끼 식사를 할 수 있으며, 근교로 나가도 택시비가 5천 원을 넘지 않는다. 또한 거리에는 종일 창밖으로 녹음을 내다보며 일할 수 있는 쾌적한 카페가 줄지어 있다. 얇은 여름옷들로만 가득 채운 캐리어를 가볍게 끌고 떠나기에도 안성맞춤. 콘도나 아파트 한편에 자리한 반짝이는 수영장은 어떠하며, 눈길 닿는 곳마다 늘어진 초록빛 생명력은 또 어떠한가.

일 년 내내 바짝 마른 햇빛의 냄새가 가득한 곳, 치앙마이.

모든 감각을 깨어나게 하는 총천연색의 도시에서 먹고 놀고 마시며 일은 적게 하는 삶, 누가 마다할 수 있을까. 언제나 빠르고 급하고, 또 각박하게 돌아가는 우리의 인생에서 한두 달쯤은 '일탈'에게 시간을 내어줄 수 있지 않을까. 그 일탈이 삶의 경험치를 엄지와 검지 사이 한 뼘만큼이라도 늘려줄 수 있다면 실행하지 못할 이유도 없다.

누군가는 이쯤에서 이런 질문을 할 것이다.

"두달살이를 하고 오면 외국어 실력이 많이 늘까요?"

"전 세계 디지털 노마드들과 교류하며 크리에이티브한 작업을 하게 되겠죠?"

그런 건 없다.

두달살이에는 큰 의미를 부여하지 않는 게 좋다. 물론 충분히 이해는 한다. 한국을 떠나 있을 몇 달의 시간이 불안할 것이다. 남아 있는 다른 이들에게 뒤처지지 않을 지식이나 지혜를 깨닫고 돌아와야 안심이 되는, 그런 마음인 것이다. 나 역시 그랬다. 그런데 살아보니 인생에서 중요한 순간은 모든 것을 잊어버리고 '그냥' 했을 때 찾아오더라. 적어도 내 인생은 그랬다. 각 잡고, 긴장하고, 무언가 대단한 결심을 했을 때는 늘 철저하게 나를 빗겨갔다.

이번에도 나는 떠나기 한 달 전부터 혼자 대단한 의미를 규정짓고, 장밋빛 미래를 기대하며 치앙마이 두달살이를 구상하는 작업을 시작했다. 그렇게 도착한 치앙마이는 언제나 그랬듯이 내가 만들어낸 상상 속 치앙마이와는 달랐다. 또 한 번의 무의미한 작업을 열심히도 준비한 것이다.

그저 맛있게 먹고, 신나게 쏘다니고, 시원하게 쉬어라. 그러다가 해가 지면 밤거리로 나가 창 비어Chang Beer 한 잔을 목구멍으로 상쾌하게 넘기면 그만이다.

이렇게 여유를 만끽하다가 돌아왔는데 삶이 이전과 똑같으면 어떡하냐고? 그럴 수도 있고, 아닐 수도 있다. 원래 인생이란 언제나 그렇다. 내가 어떤 마음을 먹느냐에 따라 왼쪽에 난 길로 갈 수도 있고, 오른쪽에 난 길로 갈 수도 있다. 어떤 길이 정답일지는 그 길 끝까지 가본 나만이 알 수 있다.

그리하여 있는 그대로, 내 모습대로 살아가는 여정은 서울에서든 치앙마이에서든 계속 진행 중이다. 중요한 건 어디서든 '나'를 놓지 않는 것이다.

2019년 2월 14일, 치앙마이 창클란에서
햇빛이 반쯤 드리워진 야자수를 바라보며.

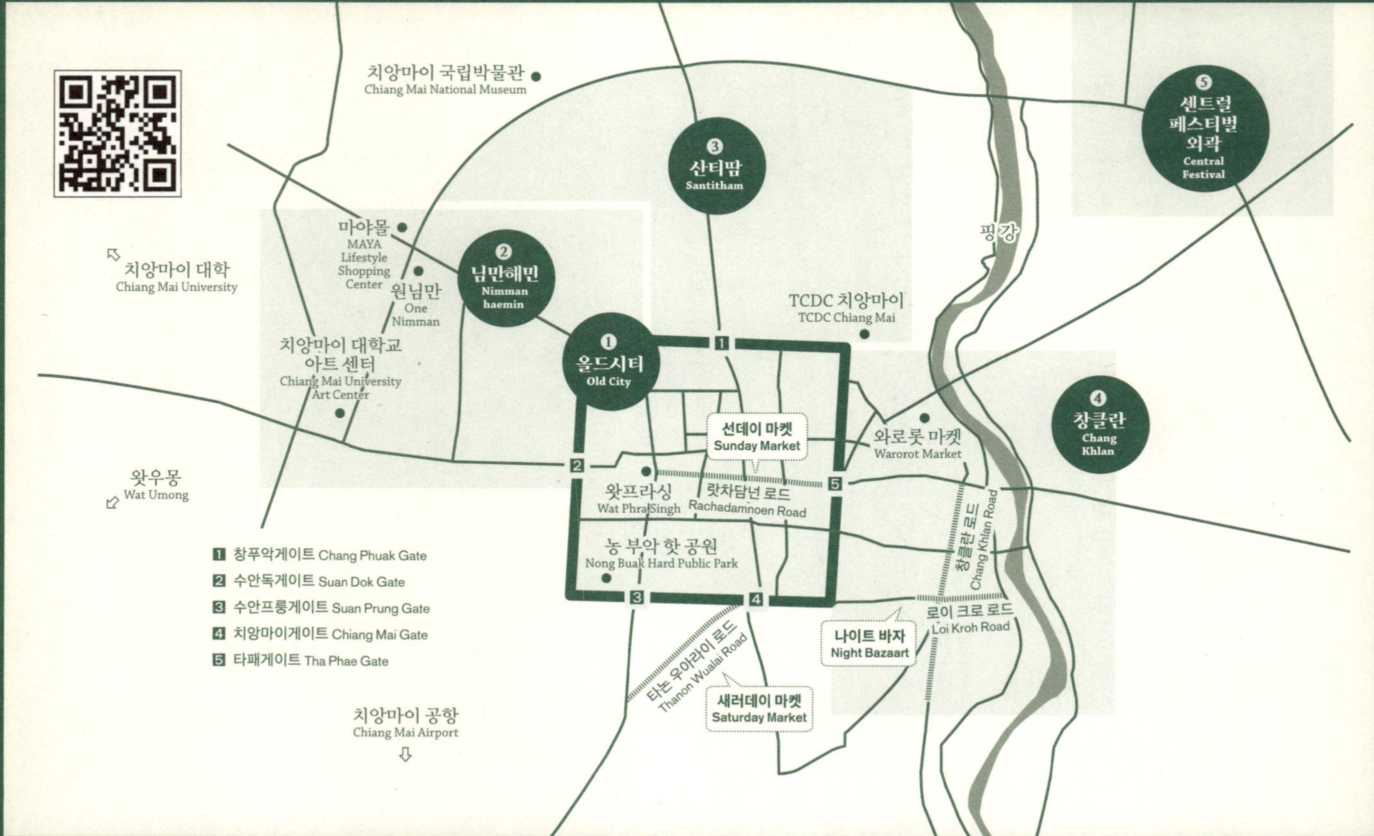
치앙마이 국립박물관
Chiang Mai National Museum
치앙마이 대학
Chiang Mai University
마야몰
MAYA Lifestyle Shopping Center
원님만
One Nimman
치앙마이 대학교 아트 센터
Chiang Mai University Art Center
왓우몽
Wat Umong
① 올드시티
Old City
② 님만해민
Nimman haemin
③ 산티땀
Santitham
④ 창클란
Chang Khlan
⑤ 센트럴 페스티벌 외곽
Central Festival
핑강
TCDC 치앙마이
TCDC Chiang Mai
선데이 마켓
Sunday Market
와로롯 마켓
Warorot Market
왓프라싱
Wat Phra Singh
랏차담넌 로드
Rachadamnoen Road
농 부악 핫 공원
Nong Buak Hard Public Park
창클란 로드
Chang Khlan Road
로이 크로 로드
Loi Kroh Road
나이트 바자
Night Bazaart
타논 우아라이 로드
Thanon Wualai Road
새러데이 마켓
Saturday Market
1 창푸악게이트 Chang Phuak Gate
2 수안독게이트 Suan Dok Gate
3 수안프룽게이트 Suan Prung Gate
4 치앙마이게이트 Chiang Mai Gate
5 타패게이트 Tha Phae Gate
치앙마이 공항
Chiang Mai Airport

① 올드시티 왓프라싱, 타패게이트 같은 랜드마크가 모여 있는 치앙마이의 중심부로 고즈넉한 분위기를 느낄 수 있어 여행객들이 많이 찾는다. 하지만 전체적으로 건물들이 오래되고 허름한 편이라 깨끗하고 쾌적함을 기대하기는 힘들다.

② 님만해민 세련되고 깔끔한 분위기로 아기자기한 카페, 레스토랑 등이 골목 곳곳에 자리해 있다. 새로 지어진 숙박 시설이 많아 치앙마이 한달살이를 위해 많이 모여들고 있지만, 다른 지역에 비해 물가가 조금 비싼 편이다.

③ 산티땀 한적하고 혼잡하지 않으며 저렴한 숙박 시설이 많아 장기 여행객들이 선호하는 지역이다. 최근 들어 맛집이나 볼거리가 생겨나고 있지만, 아직은 해가 지고 나면 인적도 드물고 으슥해서 혼행족들에게는 조금 불편할 수 있다.

④ 창클란 나이트 바자&핑 강 지역이라고도 한다. 핑 강을 따라 나이트 바자, 와로롯 마켓 등이 위치해 있어 늘 활기가 넘친다. 강가 전망을 갖춘 레스토랑과 수많은 갤러리가 늘어서 있어 낭만적인 분위기를 느낄 수 있다.

⑤ 센트럴 페스티벌 외곽 시내 중심부와는 살짝 떨어져 있지만 그만큼 번잡하지 않아 조용한 치앙마이를 경험할 수 있다. 치앙마이 최대 규모의 쇼핑몰과 콘도 단지가 나란히 자리하고 있어 진정한 휴식을 목적으로 떠나온 사람들에게 추천한다.

1. 역사: 란나 왕국

치앙마이는 원래 독자적인 하나의 국가였다. 고대 태국은 작은 나라들로 나뉘어 있었는데 치앙마이는 그중 하나인 '란나 왕국Lanna Kingdom'의 수도였다. 멩라이Mengrai 왕은 1296년에 치앙마이를 세우고 치앙라이에 이어 란나 왕국의 새로운 수도로 삼았다. 그래서 치앙마이의 뜻도 '새로운 도시'다.

2. 건축: 네모난 해자

치앙마이는 과거 외세의 침입을 막기 위해 중심부에 붉은 벽돌로 성벽을 쌓았으며, 성 바깥으로는 연못인 해자를 팠다. 동서남북 성벽의 가운데는 4개의 문이 있는데, 북문은 창푸악Chang Phuak, 동문은 타패Ta Pae, 서문은 수안독Suan Dok, 남문은 치앙마이Chiang Mai와 수안프룽Suan Prung 게이트다. 네모난 성곽 안이 올드시티다.

3. 특산품: 커피

과거 북부 고산족들의 아편 재배로 인해 삼림과 수원이 훼손됨은 물론 마약 중독 문제까지 심각해지자, 태국 왕실에서는 로열 프로젝트Royal Project를 시행해 아편 대신 커피를 심게 했다. 커피는 재배 환경이 아편과 비슷해 대체 작물로 적합했고, 지금은 세계적으로 맛과 풍미를 인정받는 커피 생산지가 되었다. 유명한 도이창Doi Chaang 커피가 이 지역에서 생산된 커피다.

4. 지리: 핑 강

해자 오른편인 시내 동쪽으로는 치앙마이의 한강인 핑 강Mae Ping이 흐른다. 강이라고 하기에는 규모가 작지만 방콕의 차오프라야Chao Phraya를 태국에서 가장 긴 강으로 만드는 중요한 역할을 한다.

5. 사람들: 친절과 미소

치앙마이 사람들은 부드럽고, 여유로우며, 미소를 잃지 않는다. 누군가 화를 내려고 하면 '짜이옌옌(진정하다)'이 바로 나오고, 어떤 상황에서도 '사바이 사바이(천천히 천천히)'라는 말을 입에 달고 산다.

6. 특징 1: 예술의 도시

치앙마이는 란나 시대부터 수공예 작품으로 이름이 높았다. 현재는 치앙마이 대학교를 중심으로 전 세계 아티스트들의 예술적 협업이 진행되고 있으며, 반캉왓Baan Kang Wat 같은 예술인 공동체 마을도 많다.

7. 특징 2: 디지털 노마드

훌륭한 자연환경과 저렴한 생활비, 동남아 기준 안정적인 인터넷 환경 등으로 치앙마이는 전 세계의 디지털 노마드들이 가장 많이 찾는 도시다. 대표적인 코워킹 스페이스로는 펀스페이스Punspace, 마야몰에 있는 캠프CAMP 등이 있다.

차례

8 프롤로그: 누구나 가슴속에 살아보고 싶은 도시 하나쯤은 있잖아요
12 치앙마이 지도
14 알아두면 나쁠 것 없는 치앙마이 이모저모 7

01 계획은 없다, 그저 놀고먹을 뿐

22 습관성 잡념증 환자의 스위치 오프
26 폭우와 함께 버려지다
33 한번 살아보겠습니다
38 홍차 마시고 청소하는 일상
TIP ① 무아의 상태를 경험하고 싶다면? 요가원으로 편
45 님만해민 vs. 올드시티
55 초록색이 좋은 이유
62 텅 빈 수영장에서

02 내일도, 모레도, 글피도 있는 여행

72 나 다시 태어난 건가!

79 님만해민 변기 사건

83 다음에 다시 오지, 뭐

89 오만과 편견

93 무디고 느리고 쿨한 사람들

100 사왓디카 컵쿤카

TIP ② 더 많은 표현이 궁금해지는 맛보기 태국어 편

104 BGM은 시티팝

TIP ③ 전주부터 치앙마이가 떠오르는 플레이리스트 편

03 치앙마이 미식 일지

112 고기를 굽는 행위에 담긴 의미

118 태국 음식은 별거 아닌데 맛있더라

122 우연이 데려다준 스시집

129 독일 가정식과 멕시코식 타코 전문점

137 아파도 먹긴 먹어야죠

143 아, 그냥 팟타이 시킬 걸

147 인생 코코넛 타르트

TIP ④ 맛집 선택, 이것만 알면 실패하지 않는다 편

04 인생은 치앙마이 고양이처럼

154 국제 고양이 호구
159 그래서 뭐? 그게 왜?
163 이 얼마나 제멋대로의 삶인가!
170 하루가 행복해지는 마법
174 한바탕 꿈을 꾼 것인지도 모르겠다
180 치앙마이 고양이와 서울 고양이

05 쉬엄쉬엄, 느릿느릿 거닐다

186 별로라고 하던데 난 좋았어
193 그 시절, 좋아했던 밴드부 오빠들
197 떠오르는 예술가들의 아지트
TIP ⑤ 치앙마이에서는 누구나 예술가가 된다 편
207 아침 시장, 일요일 시장, 야시장
216 치앙마이 쇼핑 리스트
TIP ⑥ 세상은 넓고 살 것은 많다, 쇼핑몰 편
224 근교로 한번 나가볼까?
232 지긋지긋한 미세먼지

06 지금 이 순간, 있는 그대로 살기

238 마주해야 하는 것은 언제나 나

243 매일 로띠를 만든다는 것

247 당신은 어떤 시간에 있나요?

부록 250 치앙마이 히든 플레이스

치앙마이 젊은이들 집결하는 바

집밥이 그리울 때 찾는 일식당

역대급 그리너리 식당

럭셔리 애프터눈 티를 즐길 수 있는 티룸

빵집 불모지 님만해민의 숨은 빵집

우아하게 한 끼 써는 양식당

올드시티의 신비로운 세계를 품은 갤러리 레스토랑

264 치앙마이 두달살이를 선택하려는 이들에게

266 치앙마이 두달살이 준비하기

예산 잡기·숙소 찾기·출발하기

챙겨가기·교통수단·참고하기

계획은 없다,

그저

놀고먹을 뿐

01

습관성 잡념증 환자의 스위치 오프

사람은 저마다 가지고 태어나는 성향이 있다.

나는 어려서부터 생각이 많은 타입이었다. 20대 초중반에는 단순 무식한 사람이 되기 위해 부단히도 노력했다. 내가 보기에 가장 단순하고, 몸이 먼저 움직이며, 늘 해맑은 유형의 사람을 무작정 따라 해보는 것이다. 가까운 친구가 될 수도 있고, 연예인이 될 수도 있다.

결과는 엉망진창의 흑역사 대잔치.

답답한 마음에 사주를 찾아보기도 했다. 내 사주는 상당수가 '토土'로 이루어져 있는데, '토土'가 많은 사람은 융통성이 없고 생각만 많으니 답답하고 실행력이 떨어질 수 있다고 했다. 그 해석 하나에 마음을 다 바치고 '맞아. 역시 난 틀렸어'라며 좌절의 청춘 초년기를 보냈다.

그렇게 온갖 시행착오를 겪다 보니 어느새 20대의 끝자락에 접어들었다. 천성을 바꾸는 건 불가능에 가깝다는 사실을 비로소 깨닫고, 생각의 횟수를 줄이는 것으로 타협점을 찾았다. 마침 그즈음 요가와 필라테스를 시작한 것이 큰 도움이 되었다. 이후로 몸을 가꾸는 데에 관심이 기울면서 균형이 몸 쪽으로 쏠리기 시작했다. 그러다 보니 자연스레 정신도 휴식기를 갖는 시간이 생겼다. 운동이라는 것은 생각하지 않고 즉각적으로 동작을 이어나가야 한다. 당연히 그 시간만큼은 온전히 행동이 모든 것을 책임졌다.

어릴 때처럼 울고 웃는 롤러코스터의 시련은 없지만, 여전히 생각이 꼬리에 꼬리를 무는 습관은 좀처럼 사라지지 않는다. 생각이 많으면 논리 정연하게 자기 의견을 이야기할 수도 있고, 어딘지 지적이고 차분해 보여서 좋지 않냐고들 한다. 생각이 많은 사람에게 해줄 수 있는 온갖 찬사를 늘어놓은 것 같아 고맙기는 하지만 장본인에게는 여간 힘든 성향이 아니다. 과거의 실수를 좀처럼 떨쳐내지 못하고, 남들은 별 생각 없이 한 말을 평생 잊지 않고 간직하는 것은 인생의 많은 시간을 허무하게 날려 보내기 딱 좋은 습관이기 때문이다.

잊지 못할 말을 남겨준 사람 중에는 정말 악의를 가지고 타격을 입힐 요량으로 말을 꺼낸 경우도 있고, 아무런 의도 없이 던진 이야기가 정곡을 찌른 적도 있다. 뭐가 됐든 상관없다. 중요한 것은 내가 그 이야기를 '기억한다'는 사실이다. 그런 이야기의 대부분은 남과 나를 비교, 분석해주는 내용이거나 자신과 나를 묶어 같은 패배자로 만들면서 동질감을 형성하려는 부류의 농담이었다. 지금 생각해도 몸에 열은 진동이 느껴질 만큼 별로다.

단체 생활을 하거나 서너 명 이상씩 그룹을 형성해 몰려다니면 이런 일이 연례행사로 꼭 생긴다. 다른 사람들은 웃어 넘기거나 똑같이 한마디 해주고 만다는데, 생각 많고 소심하며 앙심 잘 품는 나는 태연하기가 힘들다. 그런 식으로 하나씩 하나씩 스마트폰 연락처 목록에서 삭제된 사람들만 한 트럭이다. 남아 있는 사람보다 삭제된 사람이 많다는 점도 문제라면 문제다. 생각이 많은데다가 성격까지 괴팍해서 생긴 불상사인 것 같다. 지금은 단체 생활에서 벗어나 독립된 생활을 유지하고 있는 덕분에 말로 공격을 당할 일이 거의 없지만, 부정적인 생각의 씨앗이 날아오는 곳은 여전히 도처에 널려 있다.

전혀 궁금하지 않은 사람, 혹은 안면도 없는 사람의 소식을 친구나 지인들은 제비처럼 물어다주기 바쁘다. 스마트폰 속 포털 사이트 메인 화면은 또 어떤가. 남들의 이야기에 관심이 많은 나라에 사는 건지, 내가 유난인 건지는 모르겠지만 습관성 잡념증 환자인 나에게는 가끔 속세와 차단될 시간이 필요하다.

되는 일 하나 없고 자존감이란 자존감은 모두 바닥을 치던 어느 날 밤, 두꺼비집 차단기 내리듯 한국의 전원을 모두 끄고 치앙마이로 떠났다.

폭우와 함께 버려지다

타이베이를 거쳐 치앙마이에 도착했다. 경유를 선택한 이유는 단순했다. 경비를 절약하기 위해서. 인천에서 치앙마이로 바로 갈 수 있는 직항보다 타이베이를 거쳐 치앙마이로 들어가는 경유 편은 대략 20만 원 정도를 아낄 수 있었다. 하지만 타이베이라는 네 글자를 보는 순간 내 마음은 처음과는 다른 길을 걸어가기 시작했다. 또 다른 '경험에의 욕구'를 자극받은 것이다. 기왕 두 달을 훌쩍 떠나는 김에 욕구를 후회 없이 제대로 풀어버리고 싶었다. 결국 타이베이에서 3박 4일을 머물고 치앙마이로 들어가는 것으로 일정을 변경했다. 졸지에 타이베이에서 3일간 묵을 숙박비, 식비, 각종 레저 비용 등이 더해져 20만 원을 절약하기는커녕 예상치 못한 비용을 더 지출해야 했다. 계획에는 없던 비용을 더 쓰고도 기분은 마냥 좋았다. 3박 4일의 짧은 여행을 마쳐도, 두 달이라는 더 긴 여행 일정이 남아 있다는 사실이 설렘을 극단적으로 증폭시켰기 때문이다. 그렇게 나의 치앙마이 두달살이는 타이베이에서부터 긍정적인 기류만을 가득 안고 순항을 시작했다.

하지만 왜 모든 것이 완벽하다고 느껴지는 순간에 가장 절망적인 시간이 찾아오는 걸까.

타이베이에서 4일을 보내고 도착한 치앙마이는 태풍의 영향권으로 종일 비가 왔다. 건기에 해당해 비가 잘 내리지 않는다고 들었건만 세차게 쏟아지는 폭우라니. 운도 지지리도 없지. 태풍이 지나가며 비를 뿌리는 날, 그날 나는 치앙마이에 입성했다.

두 달을 머무를 계획이랍시고 캐리어는 집채만 한 사이즈로 두 개, 거기다 어깨에는 배낭까지 짊어졌다. 타이베이에서도 하루종일 짐을 끌고 다니느라 이미 녹초가 된 상태였다. 정확하게 말하자면 짐을 끌고 다닌 게 아니라 내가 짐에 끌려다닌 형국이었다. 정말 그랬다. 한국에서부터 따라온 집착 같은 짐들은 나를 마음대로 신명 나게 끌고 다니더니 무책임하게도 폭우가 쏟아지는 날, 좁아터진 치앙마이 공항 한가운데에 나를 버려둔 것이다! 동네 버스터미널처럼 작은 공항에 사람은 또 왜 그리 많은지. 다들 산더미 같은 짐을 한 보따리씩 들고 택시를 잡기 위해 와글와글 모여 있었다. 어깨를 짓누르는 짐에, 폭포처럼 쏟아붓는 비, 거기다 공항을 가득 메운 인파까지. 온갖 짜증을 폭발시키기에 너무도 잘 구성된 각본 같았다.

정기가 가득한 푸르른 숲과 맑고 파란 하늘, 초록의 나무들을 만나리라는 나의 예상은 보기 좋게 빗나갔다. 치앙마이에 도착하기만 하면 끝없이 온화하고 평정한 사람이 될 거라는 기대는 또 얼마나 터무니없는 것인가. 현실은 너무 덥고 습했으며, 비좁았고, 피곤했다. 짜증을 내야 하는 이유는 수십 가지였지만 그렇다고 내가 바꿀 수 있는 상황은 없었다. 인정하고 나니 왠지 모르게 맥이 빠졌다.

택시 번호표를 받고 두 개의 짐에 기대어 멍하니 내리는 비를 바라봤다. 앞도 잘 보이지 않을 만큼 쏟아져 내리는 장대비 사이로 우거진 나무와 풀이 보였다. 더운 나라에서만 볼 수 있는 짙푸르고 무성한 녹색, 그것들이 공기 가득 내뿜는 습하고 매캐한 내음. 초조함과 불만을 내려놓고 서

있으니 그제야 치앙마이가 보였다.

지금, 여기, 치앙마이에 서 있는 나를 발견하자 비를 타고 대기로 흩어지는 묵직한 나무와 흙냄새가 시원했다. 한없이 내리는 비를 바라보며 치앙마이에 무사히 도착했음에 감사했다. 기다림도 잠깐, 순서는 금방 지나 내가 탈 택시가 도착했다. 택시 기사는 그간의 짜증이 무색하리만큼 친절했고 선량했다. 택시를 타고 달리며 창밖을 내다보니 비 오는 치앙마이가 참 그럴듯했다. 저 너머 보이는 산에는 운무가 드리워져 있었다. 온통 암녹색으로 가득한 그 모습이 참 신비로워 보였다. 서울에서는 한 번도 경험하지 못

했던 대자연의 기운이 느껴졌다. 언제나 미간을 찡그린 채 종종걸음으로 걸어야 했던 서울의 한파와 한국의 가을 날씨 같던 타이베이를 거쳐, 덥고 쨍한 여름의 도시 치앙마이까지. 내 몸이 적응하기 좋은 온도를 맞춰주느라 오늘의 치앙마이는 평소와 달리 비가 오고 서늘한가 보다. 갑자기 32도에 육박하는 더위로 던져졌다면 내 몸은 많이 놀랐겠지. 문득 서서히 더워지는 이 온도의 순서가 고마웠다. 이런저런 기특한 생각을 하고 있자니 마음이 너그러워졌다.

결과적으로 치앙마이에 머무는 두 달간 비가 온 날은 도착한 당일, 단 하루였다. 꿈 같던 폭우는 나에게 메시지를 전해주기 위해 다녀간 게 아닐까. 그 어떤 것도 네 기분을 네 허락 없이 갖고 놀 수는 없다고. 그토록 바라던 치앙마이에서의 두 달은 네가 지금 행복해지기 위한 것만을 선택하라고 말이다.

한번 살아보겠습니다

힘겹게 도착한 님만해민Nimmanhaemin 거리는 치앙마이 최대의 번화가답게 북적이고 번잡했다. 인도가 제대로 마련되어 있지 않은 태국 거리의 특성상 양쪽으로 오토바이며 자동차가 끊임없이 위험하게 지나다녔다. 이곳 사람들은 괘념치 않는 분위기였지만, 정갈한 서울의 거리에 익숙한 나에게는 무척이나 위협적으로 느껴졌다.

님만해민에 위치한 나의 첫 숙소는 하루에도 수십 번씩 비행기가 이륙하고 착륙하는 소음이 아찔하게 들렸고, 뒤로는 새 콘도를 짓는 공사 소리가 화음처럼 깔렸다. 거기다가 콘도의 수영장에는 어린아이들 십수 명이 떼를 지어 놀고 있었다. 내가 상상한 치앙마이의 모습과는 일치하는 게 하나도 없었다.

그런데 과연 그럴까. 내가 꿈꾸던 치앙마이는 정말 이곳에 없는 걸까.

내가 보고 싶고, 믿고 싶은 것만을 악착같이 욱여넣고 그래야만 한다고, 그게 아니면 안 된다고 우기고 있지는 않은가? 사실은 늘 그런 식으로 삼십 년 가까이 살아온 것이 아닐까? 내 생각 속에서, 과거에서, 미래에서, 난 그렇게 현재를 허비하며 살고 있지 않았나? 거리의 사람들은 각자의 삶으로 분주했고, 님만해민은 어제도 그제도 같은 모습이었을 것이다. 지금 여기에서 잘못된 것은 이방인인 나뿐이다. 왜 멋대로 생각하고, 멋대로 결론지어 놓고 찾아와서 내 것에 끼워 맞추려고 했던 걸까.

다양한 문화가 공존하는 가게들, 누구에게도 강요하지 않고 서로 배려하며 살아가는 사람들, 세계 각국에서 찾아온 외국인들, 반짝이는 햇살과 틈틈이 늘어진 그늘, 마치 다른 동네에 와 있는 듯 개성 넘치는 대로변 안쪽의 작은 골목들. 거리에는 변변한 횡단보도 하나 없지만, 지나다니는 차들은 보행자가 건너갈 때 짜증 내지 않고 멈춰주었다. 사소하지만 익숙한 배려가 사랑스러웠다. 뜨거운 햇살을 맞으며 걷고 있으니 비타민D가 부족하다며 투덜대던 서울의 겨울 속 내 모습이 떠올랐다. 그러자 가벼운 옷차림에 슬리퍼를 끌고 햇빛을 받는 지금이 얼마나 행복한 순간인지, 얼마나 꿈에 그리던 순간인지 다시 한 번 깨달았다. 더워서 죽을 것처럼 굴다가 냉방이 강한 실내에 들어가면 1분 만에 오들오들 추워하는 모습이 스스로도 얼마나 우

2 Bedrooms
7.X MB
@Nimman soi5
061-0191999

습던지. 불과 한 달 전만 해도 그토록 이 순간을 갈망했으면서.

고막을 울리는 비행기의 소음은 근처 카페로 노트북을 들고 피신하면 그만이었다. 카페의 천국이라고 불리는 님만해민에는 예쁘고 트렌디한 카페가 가득했고, 서울과 비교하면 그 가격은 너무나도 착했다. 끊임없이 들어오고 나가는 저 비행기들은 나 같은 여행객들을 계속해서 실어 나르는 것이겠지. 내가 좋은 건 남들도 좋은 것이 분명한데 어쩌자고 님만해민이 한적하기만을 기대할까. 수영장은 사람들이 빠지고 한적한 시간을 이용하기로 했다. 대부분이 점심 먹기 전후인 정오부터 2시까지 사용했고, 이후에는 해가 제법 뜨거워서 카페나 숙소 등 실내로 숨는 것 같았다. 아침과 저녁 시간 역시 해가 진 후라 물이 차가워져 수영장이 한산했다.

이렇게 저렇게 요령껏 행동을 바꾸니 그닥 불쾌할 것도 없었다. 한없이 한적하고 여유롭다. 이거다! 내가 수없이 상상하던 치앙마이. 갑자기 세포 하나하나까지 평온과 평화가 가득해진다.

놀고먹는 치앙마이에서의 두 달,
지금부터 한번 살아보겠습니다.

홍차 마시고 청소하는 일상

아침은 생강 홍차로 가볍게 시작한다. 저녁 식사 후 잠자리에 들어 아침에 눈을 뜰 때까지 대략 12~15시간 정도의 단식 시간을 정해 놓았다. 물가는 저렴하고 맛있는 것은 지천인지라 인간이 휘둘리는 것 중 제일 한심한 것으로 여겨지는 식탐의 지배를 받기 쉽기 때문이다. 대신 점심과 저녁은 먹고 싶은 음식으로 맛있게 먹어준다. 딱 두 달인데 너무 옥죄는 것도 스스로 못할 짓이라는 핑계다.

수영장에서 수영하거나 헬스장에서 러닝머신을 걷는 것으로 운동도 꼬박꼬박 챙긴다. 지하가 아닌 지상에서 탁 트인 창문으로 수영장이나 정원을 보며 달리는 상쾌한 기분은 태생 자체가 죄수들의 고문 기구였다는 러닝머신의 고통을 제법 줄여준다. 수영장에 사람이 없을 때는 아쿠아로빅하듯이 마구 뛰어다닌다. 수영장이 워낙 넓어서 이리저리 뛰어다녀도 주변 사람들에게 물을 튀기지 않아 아쿠아로빅에 최적이다. 게다가 물의 저항 때문에 칼로리 소모가 높아 밖에서 움직이는 것보다 운동 효과도 크다.

화요일과 목요일 아침 9시 30분에는 님만해민의 쇼핑몰 원님만One Nimman에서 열리는 무료 요가 클래스에 나간다. 현재는 원님만의 원살라Onesala 광장에서 진행되는데 원래는 실내에서 했다고 한다. 직접 해보니 야외에서 하는 요가가 정말 좋았다. 지금 이 타이밍에 참여하게 되어 다행이다. 내가 할 수 있는 범위 내에서 한껏 몸을 쓰고, 몸의 소리에 집중한 후에 마지막 사바사나(휴식하는 송장 자세)를 취한다. 잔잔한 새소리, 바람 소리, 광장 주변을 지나는 사람들의 대화 소리를 듣고 있으니 이 세상 안에서 제대로 쉬는 느낌이 든다.

요가 매트는 무료로 제공되는데 별로 권하고 싶지는 않다. 무료인 만큼 관리가 소홀하기 때문이다. 먼지가 많아서 요가를 하고 나면 놀이터에서 놀다온 꼬마 아이처럼 손발이 까매진다. 한 달 이상 머물 계획이라면 마야몰MAYA Lifestyle

Shopping Center이나 다른 쇼핑몰 내의 10밧샵, 다이소 같은 곳에서 한국 돈 1만 원 이하의 저렴한 요가 매트를 사는 것을 추천한다. 돌아갈 때 가지고 가지는 못하겠지만, 그 정도 가격이라면 매주 두 번씩 요가하는 데 투자할 수 있지 않을까. 원님만의 무료 요가 클래스는 이미 여행객들에게 유명해진 지 오래라 한국인도 많다. 삼삼오오 가족과 친구, 지인과 모여 있는데 한국말이 안 들리는 것처럼 혼자 앉아 있으려니 조금 뻘쭘하기도 했다.

무엇보다 청소를 그때그때 자주 한다. 내가 지금 머무는 콘도에는 청소기 대신 빗자루가 비치되어 있다. 고등학교 이후로 처음 만나는 빗자루와 쓰레받기였다. 처음에는 의아했지만 시간이 지나니 수시로 청소하기에 의외로 적절한 도구라는 생각이 들었다. 치앙마이는 식당이나 카페 등 업장에 대부분 빗자루와 쓰레받기가 놓여 있는데, 아침에 눈 뜨면 집 안을 후루룩 쓸어주는 것으로 하루를 시작한다. 빨래 건조대가 워낙 작아서 세탁기도 자주 돌리고, 쓰레기통도 차기 전에 비운다. 뭔가 굉장히 바람직한 인간형이 되어버린 것 같다.

여기서는 일부러 서울에서보다 부지런하고 건강하게 움직이려고 노력한다. 말이 안 통하고 문화를 잘 모르며 어딘가에 소속되어 있지 않다는 것은 사람을 끝없이 풀어지

게 만들기 때문이다. 외국에 나가면 어쩐지 용감해지는 경험은 누구나 한 번쯤 해본 적이 있을 것이다. 실제로 이국적인 골목의 풍경과 어두운 밤거리 속 아른아른 비치는 오렌지빛 조명들, 살랑살랑 불어오는 밤바람, 저절로 리듬을 타게 되는 음악과 값싸고 달콤한 술 한 잔이면 세상 부러울 것이 없어진다.

새롭게 충전하는 것은 좋지만, 잠시 있다 떠날 외국인이라는 점을 방패 삼아 한국에서의 나와 180도 다르게 행동하는 것은 '도전'이 아니라 '충동'이다. 한때의 불장난일 수 있다는 이야기다. 나는 치앙마이에 있는 두 달 동안 건강하고 긍정적이며 활력 있는 삶을 살고 싶다. 한국에서도 그런 힘을 이어받아 살 수 있도록 말이다. 치앙마이에서의 두 달이 끝났다고 해서 나의 삶까지 끝나는 것은 아니다. 몸과 마음이 자유로운 두 달이지만, 어제와 오늘이 모여 인생이 된다는 사실은 변하지 않는다.

사트바 요가 Satva Yoga

산티땀 지역에 위치한 사트바 요가는 부부가 운영하는 평화로운 요가원이다. 부부가 각각 수업을 진행하는데, 최근에는 여자 선생님의 수업이 주로 이루어진다고 한다. 1회 클래스는 250밧, 10회권은 2,000밧.

yogachiangmaithailand.com
19 Taewarit Road, 50300
09:00~19:30, 일요일 휴무

맥스 프로페셔널 피트니스 Maxx Professional Fitness

무조건 쾌적하고 모던한 스타일을 지향하는 사람이라면 님만해민의 마야몰 5층에 위치한 이곳이 딱이다. 다만 1회 클래스는 구매할 수 없으며, 한 달에 3,000밧으로 상당히 비싼 편이다.

maxxproclub.com
55 Huay Kaew Road, 50300
평일 08:00~23:00 주말 08:00~22:00

무료 공원 요가 Yoga in the Park

올드시티의 농 부악 핫 공원Nong Buak Hard Public Park에서 열리는 무료 요가 프로그램. 오전 9시에 매일 수업이 있지만 유동적인 편이니 전날 페이스북에서 스케줄을 확인하고 가야 한다.

www.facebook.com/groups/289951174859604
Arak Road, 50200
09:00~유동적

님만해민 vs. 올드시티

이러나저러나 치앙마이에서 외국인들에게 가장 인기 있는 지역은 님만해민과 올드시티다.

님만해민Nimmanhaemin은 명실상부 치앙마이의 대표 번화가답게 깨끗하고 세련된 가게와 음식점이 밀집되어 있다. 아마 치앙마이 카페 여행이나 브런치 투어를 널리 알린 1등 공신은 님만해민일 것이다. 그래서인지 님만해민은 마치 페인트칠 냄새가 남아 있는 새집 같다. '치앙마이의 가로수길', '치앙마이의 청담동'이라고도 불리지만 그렇다고 그 정도의 분위기는 아니다. 가로수길이나 청담동보다는 친근하고 자유로운 분위기가 남아 있으며, 프랜차이즈들이 점령한 서울의 '~리단길'처럼 뻔한 거리가 되어버린 느낌도 아직은 없다.

거리를 따라 카페나 음식점이 끝도 없이 숨어 있는데, 덕분에 님만해민에 머무른다면 모든 것을 도보로 해결할 수 있다. 치앙마이 대표 쇼핑몰 중 하나인 마야몰이 위치해

올드시티에 위치한 중고서점

있어 지하 마트나 드럭스토어, 약국, 영화관, 심지어 24시 스터디 카페까지 이용할 수 있다. 여러모로 편리한 지역이긴 하지만 그만큼 번잡하고 정신이 없다. 도로 사정이 비교적 쿨한 편이어서 횡단보도는 있지만 신호등이 없거나, 심지어는 횡단보도도 없다. 그냥 각자 알아서 달리고, 알아서 건너는 스타일이다. 처음엔 이러다 객사하는 거 아닌가 했는데 희한하게 님만해민에서 교통사고로 죽은 사람은 아직 듣지도, 보지도 못했다.

구시가지로 분류되는 올드시티Old City는 확실히 님만해민에 비해 고즈넉한 분위기가 있다. 타패게이트 주변으로 형성된 해자 안쪽의 동네를 모두 올드시티라고 부른다. 꾸질꾸질하고 침침한 분위기 때문에 싫어하는 사람들도 있다. 하지만 내 기준으로 그 정도로 후줄근한 동네는 아니다. 구시가지이지만 님만해민보다 계획적으로 만들어진 지역이라는 느낌도 있다. 인도도 비교적 제대로 조성돼 있고, '여기까지가 도로, 여기까지가 인도'라는 개념 또한 잘 갖춰져 있는 것 같다. 올드시티를 걷다 보면 눈이 침침할 정도로 어두운, 마치 토굴 같은 목조 건축물의 펍과 바가 늘어서 있는데, 야외 테라스에 맥주 한 병 들고 앉아 있으면 세상에 부러울 것이 없어진다.

아쉬운 점은 새로 지은 콘도나 아파트는 전무한 편이라 숙소가 많이 낡았다는 것이다. 깨끗하고 쾌적한 숙소는 희귀해서 그만큼 값이 비싸다. 세탁기나 부엌이 없는 경우도 많고. 나는 음식은 대체로 밖에서 사 먹었지만, 나가기 귀찮은 날 간단하게 인스턴트 음식이라도 해 먹으려면 부엌은 꼭 필요했다. 빨랫감을 들고 근처 코인 세탁소에서 빨래를 해결하는 이들을 보는 것도 치앙마이에서는 아주 쉬운 일이지만, 한 달 이상을 머물 때 세탁기가 없는 것은 명백한 애로사항이 된다.

님만해민에 머물면서 식사를 하러 종종 들렀던 산티땀Santitham은 마니아 층이 형성되어 있는 지역 중 하나다. 올드시티 북쪽, 님만해민 동북쪽에 위치한 이곳은 앞서 소개한 두 지역처럼 많은 사람이 즐겨 찾는 동네는 아니다. 올드시티도 산티땀에 비하면 굉장히 번화한 동네에 속한다. 항상 풍문으로 들리는 치앙마이 들개떼의 악행은 대부분 산티땀 뒷골목에서 마주하기 십상이다. 하지만 현지의 야생스러운 느낌을 제대로 경험하려면 이곳만 한 곳도 없다. 운이 좋으면 내부 시설이 잘 갖춰진 훌륭한 숙소들도 찾을 수 있다. 다만 혼자 치앙마이에 와서 숙소를 산티땀으로 잡는다면 일찍 다니는 게 좋을 것 같다. 해가 지고 어둑해지면 인적도 드물고 으슥하기 때문이다. 음식 가격이 님만해민이나 올드시티에 비해 저렴하다는 것도 이 지역의 장점인데, 메뉴판에 영어가 써 있지 않은 경우가 많다. 그만

올드시티에서는 평범한 벤치에서도 빈티지함이 물씬 느껴진다.

큼 외국인 관광객에 친숙한 동네는 아니라는 것이다. 뭐, 이런 점 때문에 산티땀의 매력에 푹 빠진 마니아들이 존재하는 것이겠지만.

치앙마이 최대 쇼핑몰인 센트럴 페스티벌Central Festival이 위치한 외곽 지역에는 대형 콘도 단지가 자리하고 있다. 외곽에 지어진 콘도라서 님만해민의 아파트 및 콘도들과는 수영장이나 부대시설의 퀄리티가 다르다. 쾌적한 생활을 즐기고 싶다면 한 번쯤 머물러봐도 좋을 것 같다. 콘도에서 센트럴 페스티벌까지는 입주자들만 다니는 뒷길로 이어져 있는데, 걸어서 5분 정도면 가는 거리라 수시로 들락거리게 된다. 센트럴 페스티벌 지하에 위치한 마트에서 장도 볼 수 있고, 푸드코트나 레스토랑에서 식사도 해결할 수 있으니 편의성은 훌륭한 편이다. 그랩 택시를 불러 시내로 나가도 요금이 아주 많이 나오지는 않는다. 점심 시간대나 저녁 퇴근 시간이 아니라면 님만해민이나 올드시티 같은 시내 중심부까지 대부분 70~90밧이면 가능하다.

마지막은 타패게이트와 핑 강 사이의 창클란Chang Khlan이다. (선데이 마켓, 새러데이 마켓과 함께) 치앙마이의 3대 야시장 중 하나인 나이트 바자가 위치해 있어 항상 관광객이 바글바글하다. 하지만 막상 나이트 바자 외에는 이렇다 할 관광지나 유명 볼거리가 없는 편이라 아주 많이 선호되지는 않는다. 나는 이 지역에서도 며칠 머물렀는데, 구석구석을

쑤시고 다니는 것을 좋아하는 편이라 창클란의 골목을 괜히 들여다보는 것도 설레는 경험이었다. 과일이나 생필품은 판팁 플라자Pantip Plaza 1층에 위치한 빅 씨 슈퍼마켓Big C Supermarket을 이용하면 된다. 택시를 타고 빅 씨 앞에서 내려 빨간 양파망에 담긴 라임 꾸러미를 사 들고 헐렁헐렁 걸어오는 길이 또 그렇게 좋을 수 없었다.

치앙마이에서 두 달을 지내며 참 잘했다 싶은 것은 숙소를 여러 군데로 나눠서 묵었다는 점이다. 처음에는 여간 귀찮고 번거로운 일이 아니었다. 하지만 다양한 곳에서 지내다 보니 분위기 전환도 되고, 치앙마이의 숨은 매력도 발견할 수 있었다. 미리 귀띔하자면 내가 직접 찾은, 나만 알고 싶은 치앙마이의 보석 같은 공간들은 250쪽에서 공개할 참이다.

초록색이 좋은 이유

언제부턴가 자연의 색이 참 좋다. 그중에서도 단연 기분을 좋게 해주는 색은 식물의 초록색이다.

삭막한 서울의 아파트 숲 한복판에서만 살아온 나에게 자연의 초록이라는 것은 열대지방에 내리는 눈처럼 귀하고 값지다. 그렇다고 각종 문화 시설에서 멀어져야 하는 전원생활을 원하는 것은 아니다. 이런 모순적인 태도 때문에 초록색을 마음으로 그리워만 하고 있다. 이러지도, 저러지도 못하는 나에게 치앙마이 생활은 그간 부족했던 초록색 피를 잔뜩 수혈해준다.

자연의 초록색이 보기만 해도 기분이 좋아지는 이유는 태초의 모습 그대로이기 때문이다. 나무와 풀과 꽃들은 스스로 가야 할 길을 안다. 더 나은 초록색이 되기 위해 주변의 식물들과 자신을 비교해가며 안간힘을 쓰지 않는다. 풀로 태어났고, 꽃으로 태어났으니 각자 주어진 모습 그대로 살아간다. 아스팔트가 꼼꼼히 발린 땅 위에서도 손톱만 한

틈 사이로 당당하게 피어난다. 마치 원래 태어날 자리가 그곳인 것처럼. '순리'대로 말이다.

현대인들은 언제나 그런 순리에 목이 마르다. 도시의 우리는 무언가를 얻기 위해 늘 고군분투해야만 한다. 그렇게 배웠다. 원하는 것을 쟁취하려면 어느 정도의 희생을 감내해야 하고, 그렇게 얻은 것을 지키려면 지금보다 더 독해져야 한다고. 이런 세상에서 초록색이 각광받는 것은 결코 우연히 아니다.

치앙마이에서는 꼭 멀리 나가지 않아도 작은 카페나 가게 곳곳에 초록빛 생명력의 냄새가 모락모락 피어난다. 천장 가득 동아줄처럼 흐드러지게 내려오는 양치식물이나 새파란 하늘을 틈틈이 가리는 풍성한 야자수들을 바라보며 앉아 있으면 마음의 평화가 찾아온다.

동화 속 피터 래빗이 빵이라도 구울 것 같은 아기자기한 감성의 포레스트 베이크Forest Bake는 이름에서도 느껴지듯 초록이 가득한 빵집이다. 깊은 숲속을 걷다가 만난 소담스러운 오두막도 우연스러운데, 그 오두막이 매일 맛있는 파이를 굽는 베이커리라니. 도저히 그냥 지나칠 수가 없다. 종류별로 사고픈 욕구를 힘겹게 억누르며 먹을 만큼만 골라 야외의 테라스에 앉는다. 테라스를 가득 둘러싼 식물들

peach
tart
almon cake

Forest Bake
open
close

때문인지 손등에 비친 햇살도 초록색처럼 보인다. 여기에 앉아 크랜베리가 루비처럼 콕 박혀 있는 타르트를 먹으면, 크랜베리의 빨강이 그날의 가장 예쁜 빨강이 된다. 예쁜 걸 보면 마음이 예뻐지고, 하루가 예뻐진다. 포레스트 베이크를 다녀온 날은 예쁜 하루를 보내게 되는 이유다.

소박한 도시락 한 상자를 꾸려 동네 공원에서 시간을 보내고 싶은 날도 있다. 원하는 만큼 자라는 나무들을 벗 삼아, 그 사이의 한 조각 파란 하늘을 보는 것으로 충분한 날 말이다. 그런 날은 님만해민 골목 깊숙이 사람들의 발길이 뜸한 곳에 자리한 팟 센 벤자Pad Sen Benja를 찾는다. 맥락 없이 넓은 마당을 지나면 행잉 플랜트가 드리워진 식당이 모습을 드러낸다. 태국 대표 음식인 팟타이에 촉촉한 달걀 이불을 덮은 오믈렛 팟타이를 파는 곳. 여러 종류의 오믈렛 라이스도 판매하는데, 촉촉함과 부드러움의 경계를 예술처럼 넘나든다. 가장 비싼 메뉴도 90밧을 넘지 않는다. 초록이 가득한 마당을 눈에 담으며 이렇게 맛있는 한 끼를 이렇게 저렴한 가격에 맛볼 수 있다는 것이 축복이다.

외곽으로 나가면 지금까지와는 다른 스케일을 마주할 수 있다. 공간의 제약 없이 부지를 넓게 쓸 수 있다 보니 좀 더 자연에 녹아드는 느낌이 있다. 그중 하나가 싼캄팽San Kamphaeng 지역 근처에 위치한 미나 라이스 베이스드 퀴진Meena Rice Based Cuisine이다. 쌀을 베이스로 한 건강한 요리를 표방하는 식당인데, 시선을 사로잡는 감각적인 푸드 스타일링으로 입소문을 톡톡히 타고 있다. 입구부터 가로수를 따라 긴 오솔길이 드리워져 있다. 수공예품과 그릇을 파는 가게도 나오고, 다채로운 정원과 텃밭도 나온다. 마치 미지의 마을로 들어가는 것 같은 느낌이다. 시선이 닿는 곳곳마다 다양한 종의 풀과 나무가 제 빛깔들을 한껏 뽐내고 있으니 마냥 기분이 좋다. 제법 긴 숲길을 따라가다 보면 드디어 미나 라이스 베이스드 퀴진이 모습을 드러낸다. 작은 연못을 따라 나무로 만들어진 테이블과 의자, 소박한 화병, 액자, 무심한 듯 늘어져 있는 컨추리풍 소품들이 자연주의 유기농 다이닝을 표방하는 이곳의 컨셉을 확실히 보여준다. 곳곳에 숨 쉬듯 당연하게 초록색이 드리워져 있다. 자연의 자리에 우리가 쉬어갈 곳 한 칸을 빌린 것 같은 기분이 들어서 마음이 편안해진다.

치앙마이에서는 유독 하늘이 가깝게 느껴진다. 손을 머리 위로 휘저으면 금방이라도 닿을 수 있을 것 같다. 나무도, 풀도, 바람도 그렇다. 원근법을 무시한 채 화폭 가득 채워진 그림처럼 모든 게 압축되어 나와 가깝게, 같은 크기로 붙어 있는 것 같다. 어디를 가든 싱그러운 자연의 초록과 함께할 수 있어서 그런 걸까.

여기서는 자연의 초록색처럼 모든 게 순리대로 흐른다. 수영장의 물결을 지나 팔등으로 떨어지는 아침의 햇살, 축축한 흙냄새가 남아 있는 나무 밑의 음지, 뜨거운 여름 볕을 견딘 후 목으로 넘기는 수박 스무디의 얼음 조각들. 가만 보니 내가 원하지 않았던 것이 하나도 없다. 모든 순간이 당연한 듯 나에게 온다. 이렇게 행복하게 누려도 무엇 하나 잃지 않아도 된다는 것이 어쩐지 죄책감이 드는 찰나, 나를 둘러싼 초록의 그림자가 속삭인다. 그래도 돼. 여기서는 마음껏 행복해도 돼.

포레스트 베이크 Forest Bake
forestbake.com
8/2 Nha Wat Ket Road Soi 1, 50000
10:30~17:00, 수요일과 목요일 휴무

팟 센 벤자 Pad Sen Benja
Suthep, Mueang Chiang Mai District, 50200
10:00~20:00

미나 라이스 베이스드 퀴진 Meena Rice Based Cuisine
www.facebook.com/meena.rice.based
13/5 Moo 2, Tambon San Klang, 50130
10:00~17:00, 수요일 휴무

텅 빈 수영장에서

가슴이 답답하거나 어쩐지 무기력해질 때는 물에 들어가 앉아 있는 상상을 한다. 어떤 날은 하얀고 반질반질한 욕조에 따뜻한 물을 가득 채워 앉아 있기도 하고, 어떤 날은 소박한 온천장의 자그마한 노천탕에 앉아 하염없이 풍경을 바라보기도 하며, 또 다른 날은 자쿠지가 딸린 수영장에서 종일 물과 함께 보내기도 한다.

어릴 때부터 물 한가운데 앉아 있는 그 시간이 참 좋았다. 마치 지느러미라도 된 양 하늘하늘 두 팔을 움직이면 몸이 움직일 때마다 나는 찰랑거리는 물소리가 마음을 편하게 해주었다. 그럴 때면 세상에 물과 나, 오로지 둘만의 시간인 듯했다.

일 년 내내 더운 나라에 오면 시도 때도 없이 물에 뛰어들 수 있어서 참 좋다. 특히 태국은 숙소에 대부분 수영장이 있다. 치앙마이 역시 옮기는 곳마다 비취색 수영장이 딸려 있으니 존재만으로도 마음의 위안이 된다.

일찌감치 볕이 든 이른 시간의 수영장. 사람이 없어 한가롭다.

나에게는 그저 바라보고만 있어도 제대로 휴식을 취하고 있다는 느낌을 주는 것들이 몇 가지 있다. 삽화 같은 초록빛 야자수 그늘, 45도 각도로 기울어진 선베드와 잔에 서리가 낀 레드오렌지 컬러의 에이드. 마지막으로 카리브해의 그라데이션을 닮은 수영장이 그렇다.

사실 치앙마이는 하와이나 몰디브같이 해변을 끼고 있는 휴양지는 아니다. 그래도 상관없다. 30도가 넘는 기온만으로도 리조트를 닮은 수영장에 수시로 들락거릴 명분은 충분하니까. 선베드에 눕다시피 앉아 멍하니 출렁이는 물을 응시하는 것만으로도 시간이 훌쩍 간다. 물이란 것은 늘 그렇다. 끝없이 흘러가도, 고인 채로 반짝거려도 품은 것을 그대로 비춘다. 수영장이 품은 터키색 타일들이 물 위에 그대로 비쳐 청명한 해변에라도 온 듯하다. 타일을 터키색이 아닌 핑크색으로 칠해 놓으면 어떤 풍경일까? 끈덕진 딸기 셰이크에 몸을 던지는 기분일까? 그렇다면 새하얀 타일이 깔린 수영장은 플레인 요거트? 이런 말도 안 되는 생각들로 꼬리잡기 놀이를 하며 하염없이 시간을 보내도 시시각각의 햇빛과 공기만이 들고나갈 뿐, 수영장의 물은 1.4m 수심만큼의 높이에 그대로 고여 오르락내리락 찰랑거린다. 잔에 담긴 물처럼, 파여 있는 만큼의 공간 안에서 차박차박 흔들리는 모습이 알 수 없는 안정감을 준다. 마치 결점투성이 나를 오롯이 받아줄 것 같달까.

인적이 드문 오전의 수영장은 유난히 더 차갑고, 더 정직하다. 유리같이 편편한 수면이 내가 들어가는 순간 일제히 나를 따라 갈라지며 파동을 만든다. 나로 인해 만들어진 파동만이 넓은 수영장에 잔잔하게 울려 퍼진다. 그리고는 나 하나로는 끄떡없다는 듯 서서히 사라져버린다. 처음 고개를 넣을 때 온몸의 털이 쭈뼛 서는 차가움은 온데간데없고, 머리칼 사이사이 피부 사이사이를 어루만지는 기분 좋은 시원함이 움직임을 따라 흐른다. 수심이 적당히 깊으면 더 좋다. 섰을 때 발이 닿을 듯 말 듯 하는 깊이라면 오히려 더 오래 헤엄치게 된다. 여기서 저 끝까지 한 번 왔다 갔다 하는 것도 쉽지가 않지만 수면 위로 올라와 가쁜 숨을 몰아쉴 때의 짜릿함이 자꾸만 수영장을 찾게 한다.

제대로 된 영법으로 수영장을 완주하는 일은 몇 번 정도 하다가 그만두었다. 개구리처럼 고개를 빼고 헤엄치거나

슬렁슬렁 할 일 없이 걸어 다녔다. 수면 아래로 아슬아슬하게 까치발 선 나의 두 발이 보인다. 터키색의 타일을 그대로 품은 물빛이 두 다리와 두 발을 물들인다. 차라락차라락. 발 앞꿈치에 힘을 주며 마치 무용이라도 하듯 물속을 느리게 거닐면 걸음마다 물빛을 닮은 푸른빛 일렁임이 따라붙는다. 텅 빈 수영장에서는 나와 물의 교감이 더욱 선명해진다. 두 달 동안 매일 찾아도 언제나 설렌다. 매일 아침 눈을 뜨면 이번엔 어떤 수영복을 입고 물을 만나러 갈까 상상하며 침대에서 비비적거린다. 오늘은 아침부터 해가 쨍쨍한 가장 더운 날이길 바라면서.

내일도,

모레도,

글피도 있는

여행

02

나 다시 태어난 건가!

나를 아무도 모르고 나도 아무도 모르는 곳에서 새로운 사람으로 다시 태어나고 싶었다.

어릴 때의 치기 어린 마음으로 한 번쯤 해볼 법한 상상을 서른이 다 되어 덜컥 실현했다. 내가 치앙마이로 두달살이를 하러 떠난다고 하자 몇몇 사람들은 이렇게 말했다.

"그거 사실은 도피 아니야? 그냥 모든 책임을 회피하고 싶어서 떠나는 거잖아."

맞다. 그런 마음이 들어서 훌쩍 떠나버리고 싶었는지도 모르겠다. 하지만 아무렴 어떤가. 살면서 참고 견뎌야 하는 이유는 너무도 많다. 인생에 두 달쯤은 아무 생각 없이, 어떤 부채감 없이 살아도 괜찮지 않을까. 그렇다고 모든 책임을 회피하고 싶은 것은 결단코 아니었다. 나는 내 인생을 좀 더 잘 살아보고 싶었다. 덧붙이자면 '내 방식대로 잘'. 내 인생에 대한 책임을 온전히 내가 지기 위해서.

지금까지와는 다른 행동을 하기로 결심했을 때 모든 사람이 환영해주는 경우는 잘 없다. 종종 누군가는 걱정하고 불쾌해하고 지적하며 훈계한다. 지금까지는 내 인생에 비난받거나 손가락질 당한 경험은 없었다. 항상 모든 사람이 좋아하고 응원하는 길로만 걸어왔기 때문이다. 다른 사람들의 시선과 비아냥이 두려웠고 부러움과 인정이 고팠다. 그동안 내가 살아온 날들은 남들이 부러워할 모습으로, 남들이 기대하는 모습으로 살기 위해 보낸 세월이었다. 그렇다 보니 내가 진정 원하는 일이 무엇인지도 쉽게 찾아내기 어려웠다. 모두에게 인정받는다는 것은 당연히 실패로 귀결될 수밖에 없기에, 무언가를 시작해도 끈기 있게 밀고 나가는 것은 늘 힘에 부쳤다. 이 세상 모든 사람에게 인정받고 싶다는 나의 헛된 욕심은 나를 나로서 살지 못하게 했다. 도전하는 것도, 세상 밖으로 나가는 것도 겁나고 두려웠다. 생각만 가득했다. 수십 년간 한 방향으로 길들인 가르마를 바꾸듯 이전과는 다른 새로운 길을 내려고 하면 늘 생각이 나를 붙잡았다.

아니야. 아직은 아니야.

그런 나에게 치앙마이 두달살이는 새로운 도전이었고, 삶의 환기였다. 고구마라도 한 사발 먹은 듯한 뻑뻑한 삶에서 물미역처럼 흐느적흐느적 유연한 삶으로의 환기. 남들

이 뭐라고 해도, 진심인지 알 수 없는 걱정을 늘어놔도 내가 좋으면 그냥 하는 것. 오랜 세월을 난 그냥, 이게 진짜 하고 싶었다.

님만해민의 24시간 카페에서 글을 쓰고 있는 지금 더없이 자유롭고 가뿐하다. 몸과 마음이 가벼운 이유는 단순하다. 낮에는 온화한 햇빛 아래 마음껏 일광욕할 수 있고, 밤에는 기분 좋은 바람이 살랑살랑 불어오니까. 그 덕에 매일매일 민소매에 슬리퍼 끌고 자유롭게 쏘다닐 수 있는 자유가 내 몸에 장착됐다. 우리나라의 반값에 가까운 저렴한 물가에 쾌적하고 예쁜 인테리어의 카페들, 어디를 가나 초록빛 기운이 가득한 야외 식당과 테라스, 그곳에서 즐기는 푸짐하고 맛있는 음식, 바쁘게 재촉하지 않는 사람들과 느리게 가는 시간, 칵테일의 푸른빛을 닮은 수영장에서의 휴식, 선베드에 누워 책을 읽으며 뒹굴거리다가 문득 올려다보면 티끌 하나 없이 눈이 시리게 맑은 하늘. 이렇게 풍요롭고 여유로운 환경 속에서 침체되고 무기력하기도 힘든 일이다.

그렇다고 마냥 룰루랄라 신나고 즐겁기만 한 것은 아니다. 가끔은 '이렇게 살아도 되는 걸까' 하는 불안감도 들고, '아무래도 괜히 온 것 같아' 하는 쓸데없는 후회도 한다. 삼십 년을 안전하게 안주하며 살아온 인간에게 극단적인 환기란 항상 관성의 법칙을 일깨우곤 한다. 하지만 희한하게도 익숙해진 공간을 떠나면 절대 안 되던 것이 조금씩은 가능해진다. 스스로 부여하던 늘 같은 모습의 이름표가 다른 나라에 도착하는 순간 하나씩 떨어져 나가기 때문이다. 누구여야 하고, 어디여야 하고, 그것이 아니면 안 되고, 그것만은 안 되는 것들이 사라지고 온전하게 '나'만 남는다.

서울에서도 어떤 역할이 강제로 주어졌던 것은 아닌데 그곳의 나는 나로서 살지 못했다. 아무리 '그거 아니야' 하고 되뇌어봐도 뇌의 회로가 습관처럼 자동화되어 피곤한 방향으로 흘렀다. 그래서 뇌를 속여버린 거다. 나를 둘러싼 주변 풍경과, 냄새와, 공기와, 언어와, 사람들을 바꿔버리니 정말로 뇌가 속는 것 같았다.

나, 다른 사람으로 다시 태어난 건가!

이렇게 잠시 다시 태어난 듯 속으면 상당히 원초적으로 행동하게 된다. 그 말인즉, 내가 기분 좋아질 수 있는 상태만을 끊임없이 추구한다는 것이다. 기분이 좋고 낙관적일 때는 새로운 무언가를 시작하기가 아주 좋다. 잘되고 말고를 떠나 일단 시작을 하기에 정말 좋다는 거다. 안 될 것 같고, 못할 것 같고, 머리가 무거울 때는 엉덩이 하나 떼는 것도 몹시 어렵다. 그렇기에 나에게는 정말 환기가 중요했

다. 게다가 치앙마이는 특별히 노력하지 않아도 늘 좋은 기분을 유지하기에 아주 좋은 환경을 지녔다. 하지만 물리적으로 다시 태어난 듯 속는 기간은 대략 한 달에서 두 달. 두 달이 넘어가면 다른 방법을 강구해야 할지 모른다. 인간은 적응의 동물이니까. 핑계처럼 자꾸만 이 물리적인 환기를 찾게 되는 이유다.

님만해민 변기 사건

변기가 막혔다.

오늘 하루를 설명하기엔 이 사건만으로 충분하다. 산다는 것은 언제나 이토록 예측 불허다. 치앙마이라고 어떻게 하루하루 즐거운 춤바람만 있겠는가. 여기도 사람 사는 곳이라는 걸 왜 망각하고 말았을까. 서울에서도 경험하지 못했던 일이 터지고야 말았다. 확실히 서울만큼 편리하고 쾌적한 곳은 드물다며 이제서야 치앙마이 탓을 해본다.

처음 이 콘도에 입주했을 때도 영 마뜩잖은 수압이 수상하긴 했다. 아니나 다를까, 외출하기 전 큰 볼일을 보고 변기 레버를 내리는데 변기 물이 쿠르륵, 도로 올라오는 것이 아닌가. 눈앞이 깜깜해졌다. 화들짝 놀라며 변기 뚜껑을 닫았지만 나쁜 예감은 틀린 적이 없다. 변기가 막힌 것이다. 이곳의 화장실은 샤워실과 세면실이 분리되어 있는데, 세면실에는 타일만 깔려 있고 하수구가 따로 없다. 변기 물이 넘치기라도 하면 정말 난감하기 짝이 없는 상황이었다. 관리인이나 보수업체를 불러야 하는 최후의 상황이 벌써부터 걱정되기 시작했다. 외국이라서 더 끔찍했다. 하찮은 내 멘탈이 진가를 드러내기 시작했다. 위기에 봉착했을 때 최악의 상황을 상상하는 습관과 모든 걸 포기하고 싶어지는 무력감이 어김없이 찾아왔다. 메신저 창을 열어 여기저기 하소연이라도 하고 싶은 몹쓸 의존감까지 밀려왔다.

인터넷을 샅샅이 뒤진 결과, 세탁 세제나 섬유유연제, 린스 따위를 물이 잦아 든 변기에 왕창 부어두고 30분에서 길게는 3~4시간 동안 방치한 후에 뜨거운 물을 세숫대야 한 바가지 정도 왈칵 부으면서 동시에 레버를 누르면 변기가 뚫린다는 글을 발견했다. 핵심은 세제나 린스가 이물질을 부드럽게 만드는 데에 있었다. '오랜 시간 방치'라는 강조 문구가 없었더라면 오늘 일정도 다 포기해버리고 숙소에서 울고 있었을 게 뻔했다. 일단 나는 세제를 부어두고 뒷일은 나 몰라라 외출을 감행했다.

희한하게 숙소 밖으로 나오니 막힌 변기 생각이 머릿속에서 슬슬 사라져갔다. 택시를 타고 창밖으로 시선을 돌리니 놀랍게도 머릿속이 단순해졌다. 손을 떠나면 이렇게 아무 일도 아닌 것을 항상 곁에 붙잡고 귀한 하루를 날려버리는 짓은 살면서 또 얼마나 많이 해왔는지. 이곳 치앙마이에서뿐만 아니라 내 인생의 상당 부분을 이런 식으로 허비하며

살았던 것 같다. 미술관에 도착해 전시도 보고, 님만해민으로 돌아와 원님만 쇼핑몰까지 재미 삼아 돌아봤다. 그러는 동안 변기가 뚫려 있을 것 같은 자신감이 생겼다. 당연히 근거는 없었다. 그냥 기분이 그랬다. 변기가 막힐 대로 막혀서 사람을 부르고 변기를 뜯어내는 대공사를 하면 어떡하지 하는 부정적인 망상처럼, 그냥 왠지 뚫릴 것 같다는 망상 역시 밑도 끝도 없었다. 하지만 둘 다 똑같이 근거가 없을 바에야 긍정적인 쪽으로 지레짐작하는 게 정신건강에 아주 이롭다는 당연한 진리를 다시 한 번 깨달은 것이다. 치앙마이에서 변기가 막힌 어느 날 말이다.

결론부터 말하자면 기가 막히게도 변기가 뻥 뚫렸다!

집으로 돌아와 세제가 녹은 변기에 끓는 물을 부으며 레버를 내리는 순간! 물이 넘칠 것처럼 부글 차오르더니 금세 숨풍 내려가는 것이 아닌가. 이게 뭐라고 치앙마이에서 가장 감격한 순간 중 하나가 되지 않을까 싶다. 치앙마이는 위기조차 즐거운 경험으로 만들어주는 마성의 도시인 것일까. 세제로 변기 뚫기에 성공한 이후로 종일 알 수 없는 자신감에 가득 차버리고 말았다. 어딜 가든, 무얼 하든 다 잘 해낼 것만 같은 이 얼토당토않은 으쓱함이란. 세상에 둘도 없는 똥손인 내가 결국 성공해내다니. 무용담 리스트에 무조건 추가다.

변기 덕분에 깨달은 것 하나, 일단 기다려봐야 결과를 알 수 있는 일은 침착하고 긍정적으로 기다려보자는 것. 둘, 뭐든 '나라서', '나만' 못 하는 일은 없다는 것. 셋, 살면서 하기 싫은 일도 가끔은 해야 한다는 것. 넷, 그럴 바에는 즐기는 방법을 찾으라는 것. 어찌 보면 내가 지금 여기, 치앙마이에 와 있는 것도 싫은 일을 즐기며 해내기 위한 방도를 찾기 위해서가 아닐까. 나답지 않게 아무 생각 없이 덜컥 와버렸지만 오고 나니 이유가 보인다. 막힌 변기 하나로 인생의 철학까지 만들다니 치앙마이 두달살이가 대단하긴 한 모양이다.

다음에 다시 오지, 뭐

한 도시에서 한 달 이상을 머물게 되면 단기 여행을 할 때는 느껴보지 못했던 여유를 얻는다. 시간적인 여유도 물론이지만 심적인 여유도 굉장하다. 간혹 열심히 찾아간 가게가 오늘따라 영업을 쉬어도, 전혀 그런 기색이 없었는데 하필 나의 방문을 맞이하여 폐업을 해도, 택시 기사가 말도 안 되는 길로 잘못 들어서 1시간을 날려도 탄식할 필요가 없다.

나에게는 내일도 있고, 모레도 있고, 글피도 있다.

단기 일정으로 여행을 할 때는 계획에 어긋나는 변수가 생기면 차선책을 선택해도 계속해서 그 앙금이 가시질 않는다. 모든 게 계획대로 되어야 한다는 강박이 어김없이 드러나는 순간이기도 하다.

사실 살면서 뜻대로 되지 않는 일은 '해외여행 중 월요일에 찾아간 플리마켓이 주말에만 여는 일정으로 바뀌었다는 사실을 알게 되었을 때'만이 아니다. 더한 일도 많다. 부아는 치밀지만 '할 수 없지'라는 심정으로 넘겨버리는 게 상책이다. 그런데 이번 치앙마이에서는 그러지 않아도 된다는 사실을 깨닫고 말았다. 정말 큰일이다. 세상은 이렇게 장밋빛으로만 살 수 있는 것이 아닌데.

치앙마이 두달살이라는 것은 이토록 비현실적이고 환상적이며 근사하다.

아침에 눈을 뜨면 '오늘은 뭘 먹을까'부터 생각한다. 소고기 국수를 먹으러 갈까. 아니면 연어와 달걀 반숙이 올라간 에그 베네딕트? 오랜만에 오징어가 톡톡 씹히는 해물 팟씨유도 먹고 싶다. 무얼 골라도 상관없다. 못 먹은 메뉴는 오늘 저녁에 먹어도 되고, 내일 점심에, 혹은 일주일 후에 먹어도 되니까. 기껏 고민해서 선택한 소고기 국숫집 주인이 오늘 갑자기 휴가를 가서 영업을 안 해도 굳게 닫힌 문 앞에서 어이없다는 듯 실소를 던져주면 그만이다. 그리고 구글맵을 켜서 주변에 갈 만한 음식점이 있는지 실시간으로 검색한다. 이럴 수가, 갈 곳이 너무 많다.

가고 싶던 음식점이 문을 닫아 주변의 다른 음식점을 찾아갔다가 그곳이 인생 맛집이 되는 마법은 치앙마이 두달살이에서만 가능하다.

두달살이는 일정이 없다. 내일은 뭘 하고 뭘 먹고 몇 시에 어딜 갔다가 어떻게 돌아올지 지역별로 동선을 꼼꼼히 짜서 계획을 세워야 할 필요가 없다. 치앙마이의 두 달은 한껏 게으르고, 한껏 이기적이다. 아침에 일어나 잠을 서서히 깨워가며 차도 마시고, 샤워도 하고, 요가도 하다가, 밥을 먹으러 나가다 말고 수영을 하러 간다. 점심을 먹고 와서 수영을 할 예정이었지만 오늘따라 정오가 되기 전부터 해가 뜨겁다. 수영복으로 갈아입고 커다란 티셔츠를 그 위에 훌렁 걸친다. 비치 타월과 수경, 500ml의 작은 생수통을 챙기고 1층에 위치한 수영장으로 나간다. 티셔츠와 슬리퍼를 벗어던진다. 성큼 내딛는 두 발로 돌바닥의 뜨거운 열기가 전해진다. 텅 빈 오전의 수영장으로 몸을 던지면 자유의 정의를 여기서 찾아야겠다고 마음먹게 된다. 뒤늦게 도착한 꼬마 아이가 혼자 물놀이를 하다가 엄마에게 몇 시까지 놀아도 되냐고 묻는다. 나는 놀 만큼 놀다가 슬슬 배가 고파질 때 알아서 나온다. 20분쯤 놀았나 싶은데 40분이 훌쩍 지난 적도 있고, 1시간은 된 것 같은데 30분 정도밖에 지나지 않은 적도 있다. 어쨌거나 상관없다.

간밤에는 침대에 누워서 치앙마이의 밤하늘을 한참 올려다봤다. 수많은 별이 흩뿌려져 있었다. 자로 재어 찍어 놓은 듯한 세 개의 북극성을 바라보다가 어쩐지 나도 꽤 멋있게 살고 있다는 생각이 들었다. 매일 아무 생각 없이, 얽매이는 것도 없이, 먹고 자고 수영하며 살 수 있다니. 이만한 사치가 또 있을까? 매일 이런 삶을 바라는 건 아니다. 일 년에 두 달, 그거면 충분하다.

오만과 편견

치앙마이 도심을 조금만 벗어나면 우리나라의 옛날 시골 풍경 같은 모습이 펼쳐진다. 비쩍 마른 소가 달구지를 끌고 있는 논밭도, 도로에서 밥이나 과일을 파는 아주머니도 보인다. 어린 시절 시골 골목에서 맞닥뜨리고 기절하게 놀랐던 들개떼도 마주한다. 가끔 가게에 앉아 있으면 땅콩이나 꽃, 과일 같은 것을 들고 다니며 사달라고 하는 어린아이들을 쉽게 만날 수 있다. 처음 들었던 생각은 '불쌍하다'였다. 행상 다니는 사람들은 가여웠고, 발전이 되지 않은 시골 풍경은 낙후된 듯보였다. 어디까지나 대한민국의 서울에서 온 사람의 눈으로 모든 것을 판단한 결과다.

치앙마이에서 지내다 보니 나의 그런 태도에는 문화 우월주의가 조금은 섞여 있을 수 있다는 생각이 들었다. 저렴한 인건비에 고품질의 서비스를 제공하는 이들은 가엾다, 어린 나이에 공부하지 못하고 행상 다니는 삶은 불행하다, 기술의 발달을 누리지 못하는 사람들은 문명을 부러워할 것이다, 나도 모르게 마음에 숨겨두고 있었던 판단의 기준

이다. 처량하고 가엾다는 것은 무엇을 기준으로 판단하는 것이고 그 기준은 누가 정한 것인가? 도시마다 최첨단 기술과 문화 시설이 마련돼 있다고 해서, 많은 사람이 일정 수준 이상의 교육을 받고 성장한다고 해서, 그런 것들이 한 나라의 의식 수준을 상징할 수 있는 것은 아니다.

치앙마이 사람들은 참 예의 바르고 선량하다. 대다수 국민이 평등한 교육을 받고 비슷한 수준의 문화생활과 편의를 누려야 국민 수준이 높을 것이라는 나의 편견이 이곳에 와서 정말 많이 깨졌다. 중산층 회사원부터 로띠장수 할머니까지, 치앙마이 사람들은 참 자연스럽고 무던하게 사람을 대한다. 그들은 함부로 누군가를 불쌍해하지도, 부러워하지도 않는다. 치밀하게 짜여 있는 나의 판단 기준이 그들에게는 존재하지 않는 모양이다. 길거리를 배회하는 떠돌이 개들에게조차 어쩌지 못할 동정심을 가졌던 나 자신이 한 장의 종이처럼 보잘것없게 느껴졌다. 뜨거운 뙤약볕에 팔리지 않는 과일을 손에 든 채 쉬지 않고 걷는 아주머니나 땅콩 봉지를 잔뜩 안고 여전히 거절당하는 아이를 볼 때면 여전히 마음 한쪽이 무겁지만, 내가 해줄 수 있는 것은 과일이나 땅콩을 20밧에 사주는 것뿐이다. 내가 가진 것은 달랑 20밧의 알량한 자만심뿐이니까.

다른 형태의 삶을 그러려니 하고 있는 그대로 받아들이게 되니 비로소 위축된 몸도 조금 풀어졌다. 애써 과장되게 웃어 보일 필요도 없고, 불쾌하다고 얼굴 찌푸릴 일도 없다. 그렇게 시간이 흐르니 치앙마이에서의 나도 과장된 친절과 감사를 버리고, 딱 그만큼의 고마움만을 표현할 수 있게 되었다. 누군가의 삶을 동정하거나 걱정하는 대신 나와 다른 또 하나의 인생을 담담하게 지켜보게 되었고, 나라마다 시대를 관통하는 속도가 다르다는 것도 이해하게 되었다. 마음의 근육이 풀어지니 얼굴의 근육도 유연해짐을 느낀다. 생각이 달라지니 표정이 달라진다. 여기서는 서울에서 써본 적 없던 얼굴의 근육을 쓰게 되는 것 같다.

무디고 느리고 쿨한 사람들

요즘을 두고 예민과 불편의 세상이라고들 한다. 타인의 작은 실수나 눈에 띄는 행동거지 하나하나 쉽사리 눈감아주기 힘든 세상이라는 것이다. 듣고 보니 그런 것도 같다. 무례하거나, 더럽거나, 몰상식하거나, 주변에 민폐를 끼친다는 것의 기준이 몇 조, 몇 항으로 새겨진 듯 규율처럼 빡빡하다. 애석하게도 집밖을 나가면 하루에 한 번쯤은 나만의 법 조항에 위배되는 사람을 만나게 된다. 그러다 보니 누군가를 만나는 것도, 불특정 다수와 부딪치는 대중교통을 이용하는 것도, 사람들 속에 뒤섞여 골치 아픈 눈치 게임하는 것도 지친다. 그럴 만하다. 이 나라는 너무 작고, 너무 밀집돼 있고, 너무 치열하다. 너도나도 한껏 예민하고, 불편하고, 지치는 이유를 찾아보자면 한반도의 지리적 특성까지 들먹이게 되니 논해봤자 또 한 번의 지치는 여정이다. 힘들다는 그 누구의 말도 이해가 안 되는 것이 없다.

나는 곪을 대로 곪아서 이러지도 저러지도 못하는 뾰루지처럼 모든 게 조심스러웠던 서울살이를 잠시 접고, 여유의

도시 치앙마이에 와 있다. 치앙마이에서 지내는 기분은 넓고 텅 빈 수영장에서 혼자 유유자적 물장구치는 기분과 같다. 사람이 북적이는 곳에 가도 마음만은 여유롭다. 이곳의 사람들은 느리고, 무디고, 쿨하다. 이들의 쿨함은 '그러려니' 하고 넘기는 마음이다.

치앙마이 사람들은 실수를 하고도, 잘 사과하지 않는다. 한국의 잣대로는 무례한데다가 기분 상하기 쉽다. 음식점에서 세 가지 음식을 주문했는데, 첫 번째 음식이 5분 만에 나오고, 두 번째 음식이 10분 후에, 마지막 음식이 40분 후에 나온 적이 있었다. 이것저것 늘어놓고 신나게 즐기려고 했는데 졸지에 마지막 음식은 디저트로 먹게 생긴 것이다. 그럼에도 점원이 '쏘리'라고 말하는 경우는 세 번

중 한 번이다. 물론 이런 일이 절대 자주 있지는 않다. 하지만 한국보다 빈도가 높기는 하다.

한 번은 이런 일도 있었다. 유명 리조트의 셔틀버스를 3일 전 미리 예약해두고 시간에 딱 맞춰 타러 갔는데 내 자리가 없었다. 버스의 좌석을 체크하는 직원은 자리가 없으니 돌아가라고 했다. 혹시나 하는 마음에 그가 들고 있는 체크리스트를 들여다봤다. 내 이럴 줄 알았지. 제일 첫 번째 칸에 내 이름이 버젓이 적혀 있는 것이 아닌가.

"잇츠 미!"

내 이름을 가리키며 이게 나라고 외쳤더니 직원은 당황한 기색이 역력했다.

"유-우?"

네가 맞냐고 괜스레 되묻더니 쩔쩔매다가 그제야 실수를 인정했다. 다른 버스가 데리러 올 테니 5분만 기다리란다. 그러더니 꽉 찬 셔틀버스를 타고 냅다 떠나버리는 것이 아닌가. 뭐야? 같이 기다려주는 거 아니었어? 역시나 '쏘리'는 들을 수 없었다. 나를 태울 버스는 5분이 아니라 20분이 지나서야 도착했다. 한국 같았으면 컴플레인을 넣거나

고래고래 목소리를 높이며 싸웠을 것이다. 하지만 치앙마이에서는 섣불리 그러기도 힘들다.

이 사람들은 사과를 안 하는 대신 화도 내지 않는다.

한국이나 일본에서는 '죄송합니다'와 '스미마셍'이 수도 없이 들리지만, 태국에서는 '컵쿤카(감사합니다)'가 수시로 들린다. 참고로 나는 아직도 '죄송합니다'가 태국어로 뭔지 모른다. 찾아보지도 않았다. 일본어 '스미마셍'은 일본어를 모르는 사람도 제일 처음 접하게 되는 말일 것이다. 태국어는 '사왓디카 컵쿤카(안녕하세요 감사합니다)'. 그만큼 사과나 사죄보다는 감사의 표현이 앞서는 개념이다.

사실 '그러려니' 하는 문화를 태국에서 처음 느낀 것은 아니다. 그리스와 러시아로 여행을 갔을 때도 여러 번 느꼈다. 지역을 이동할 때 이용했던 국내선 항공사들은 2시간 가까이 이륙이 지연되고도 죄송하다는 말 한마디가 없었다. 비행기에 탑승해서 안전벨트까지 매고 40분 넘게 기다린 적도 있다. 더욱 놀라운 것은 승객들 모두가(나 빼고 대부분 현지인들이었다) 신문을 보거나 쪽잠을 청할 뿐 아무도 항의를 하거나 짜증을 내지 않는다는 것이다. 그런 기다림에 하도 익숙해져서 당연하다는 듯 넘겨버리는 것일까.

왓프라탓 도이캄의 와불상

비슷하지만, 태국인들은 좀 더 서글서글하고 순하다. 여유롭고 모난 데 없다는 느낌이 강하다고 할까. 그런 인상 때문인지 치앙마이에서 지내다 보면 태국인들에 대한 호감이 상당히 커진다. 택시를 타도, 음식점에서 주문을 할 때도, 야시장에서 물건을 둘러볼 때도, 길에서 누군가와 부딪쳐도 대부분 태도에 기복이 없고 한결같다. 그런데다가 다른 동남아시아 민족들과는 다르게 섬세하고 기민한 구

치앙마이에서는 아무데서나 누워 자는 동물들을 수도 없이 만나게 된다.

석이 있다. 그 때문에 미적인 감각도 상당히 발달해 있고, 센스도 뛰어난 편이다. 그들의 인테리어 능력이나 각종 데코 및 디자인 감각을 보면 알 수 있다. 치앙마이가 괜히 트렌디한 도시가 된 것이 아니다. 이러니 우리 입장에서는 치앙마이에서의 생활이 불쾌할 이유가 없다. 쾌적하고 즐거워야 할 이유만 수십 가지다.

그뿐인가. 인력이 풍부하다 보니 저렴한 물가에 제법 훌륭한 서비스까지 받을 수 있어서 방문할 때마다 기분이 좋고 마음이 넉넉해진다. 하지만 서비스를 제공하는 쪽이라고 해서 받는 사람보다 여유가 없는 것은 아니다. 돈이 많고 삶이 윤택해야 여유가 있다는 말은 누군가에게는 맞을 수도 있지만 절대 진리는 아니다. 길에 걸어 다니는 고양이와 개들조차도 여유 넘치는 곳이 치앙마이다.

이 여유를 호리병에 밀봉해 한국으로 가져갈 수 있었으면 좋겠다. 늘 지니고 다니며 오일처럼 조금씩 덜어서 손등에 바를 수 있도록. 그럼 어떤 상황이 닥쳐도 치앙마이에 있는 것처럼 '그러려니' 하며 사는 마법에 걸릴 수 있지 않을까. 이런 상상이라도 수시로 하면 사람이 좀 무뎌지려나.

사왓디카 컵쿤카

그랩 택시를 이용하며 알게 된 점 하나는 어떤 태국인이든 태국말로 인사하거나 감사를 표하면 더 좋아한다는 것이다. 어떻게 보면 당연한 이치인데 미처 생각하지 못한 것이 아차 싶다. 한국에 놀러온 외국인이 어눌한 말투로 '캄사함미다'를 더듬더듬 말할 때 재밌으면서도 고마운 마음이 드는 것은 비단 나뿐만이 아닐 것이다.

우리는 해외에서 왜 그리도 자연스럽게 영어로 의사를 표현해왔던 걸까. 어느 나라를 가든 영어가 만국 공통어임은 명백한 사실이다. 하지만 간혹 프랑스나 스페인 같은 유럽권 국가나 중국, 일본 같은 동아시아 국가들의 경우에는 당연하다는 듯 모국어로 설명한다. 한국에서는 외국인이 영어로 길을 물어보거나 질문을 할 때 겁에 질려 뒷걸음질치는 사람들을 많이 본다. 우리나라 사람들의 영어에 대한 고정관념을 잘 보여주는 경우라고 할 수 있다.

이곳에서 나는 태국인으로 가끔, 중국인으로는 곧잘 오해

받는 편인데, 중국인들의 경우 (내가 중국인이라고 어떻게 확신하는지는 모르지만) 다짜고짜 중국어로 말을 걸 때가 있다. 그런 태도가 잘 이해가 안 됐는데, 생각해보면 당연히 영어로 이야기해야 한다고 생각한 나도 누군가의 눈에는 이상하게 비칠 수 있겠다는 생각이 들었다. 왜 영어권 국가의 국민도 아닌 내가 당연하게 영어로 묻고 답하는 건지 의아해할 수도 있을 것이다. 그들의 언어로 간단하게라도 질문하고 인사할 수 있다면 또 다른 사고의 장벽을 조금은 깨는 것이 아닐까?

내가 할 수 있는 태국어라고는 '사왓디카'와 '컵쿤카', 숙소가 위치한 골목길을 태국어로 말하는 것뿐이지만 이 짧은 단어로도 태국인들은 반가워한다. 누군가가 해외에서 의사소통이 안 되면 답답하지 않느냐고 물었을 때 "간단한 영어 단어 몇 개만으로도 얼마든지 통해"라고 당연하게 이야기했던 기억이 난다. 이제는 그 당연함을 살짝 내려놓고 떠나는 나라의 언어를 조금이라도 들여다보는 것이 좋겠다고 생각한다. 단어도, 억양도 죄다 틀리는 엉성함이겠지만 허술한 그 노력이 내가 머무는 국가에 대한 최소한의 예의가 아닐까.

물론 나도 짧은 일정으로 해외여행을 다녀올 때는 그런 생각을 하지 않았다. 하지만 머무는 시간이 한 달이 되고, 두

쓴다기보다 정성껏
'그려야' 할 것 같다.

달이 되어가니 '이 나라의 언어를 조금이라도 더 알면 참 좋겠다' 싶다. 어딜 가든 영어로 간략한 설명이 쓰여 있어서 생활하는 데 큰 불편은 없지만, 차를 타고 지나가다 라디오에서 흘러나오는 방송을 들을 때나 여기저기 붙어 있는 태국어 글자들을 볼 때마다 무슨 뜻일까 무척 궁금해지는 것도 사실이다. 오래 지내다 보면 그 나라에 관심이 깊어지는 것이 인지상정 아닌가. 기회가 되어 태국에 다시 한 달 이상 머물게 된다면 그때는 사전에 간단한 태국말 몇 가지 정도는 외워가야겠다고 다짐해본다. 발음할 엄두도 안 날 만큼 글자가 어렵게 생긴 것이 학습 욕구를 저하시키기는 하지만.

1. 기초: 숫자 말하기

0 1 2 3 4 5 6 7 8 9 10

- 쑨 능 썽 쌈 씨 하 혹 쨋 뺏 까오 씹

2. 실전 ①: 식당에서

고수 빼주세요.

- 마이 싸이 팍치.

얼음 빼주세요.

- 마이 싸이 남캥.

고수 많이 주세요.

- 싸이 팍치 여 나 카.

맵지 않게 해주세요.

- 마이 아오 펫.

계산해주세요.

- 첵 빈 캅. (여자는 첵 빈 카)

3. 실전 ②: 택시에서

안녕하세요. 랏차담넌 로드 6번 골목으로 가주세요.

- 사왓디 캅(카). 빠이 랏차담넌 쏘이 혹 카.

여기 세워주세요.

- 쩟 티니 캅(카).

4. 실전 ③: 야시장에서

너무 비싸요.

- 팽 막막.

깎아주세요.

- 롯 다이 마이 캅(카).

BGM은 시티팝

음악의 힘은 어마어마하다. 음악에 따라 내가 있는 장소가 다르게 느껴지기 때문이다. 여유를 부리고 싶을 때 나는 라운지 음악이나 스파에서 흘러나올 법한 명상 음악을 듣는다. 푹신한 소파에 눕듯이 기대앉아 음악을 틀어 놓고 있으면 내가 있는 곳이 호텔 라운지가 되고, 방갈로로 만든 리조트의 로비가 된다.

치앙마이에서는 자꾸만 시티팝City Pop이 떠오른다. 시티팝은 1970년대 중후반부터 1980년대 후반까지 일본을 주름잡았던 대중음악의 한 장르다. 일본에서는 시티팝이라는 장르로 이름 붙였지만, 사실 그 시대 전반에 걸쳐 세계적으로 사랑받았던 신시사이저 팝과 재즈 등이 결합되어 만들어진 하나의 스타일이다. 최근에는 뉴트로New+Retro의 유행과 함께 우리나라에서도 붐이다.

여유로운 치앙마이의 분위기에 자꾸만 시티팝이 떠오르는 이유는 시티팝의 태생 자체가 '여유' 그 자체이기 때문일 것이다. 기록적인 경제 호황을 누렸던 일본의 1980년대 중후반은 버블경제 시기로, 이 시기에는 모든 것이 낙관적이며 장밋빛이었다. 젊은이들은 연일 술과 유흥을 즐기며 유례 없는 경제 호황기를 누렸다. 그 시대의 애니메이션을 보거나 음악을 들으면 간접적으로나마 분위기를 느낄 수 있다.

일본에서 1980년대에 만들어진 애니메이션은 1989년생인 나에게는 추억 그 자체다. 우리나라에 들여와 방영한 시기가 대략 1990년대 초중반이었기 때문이다. <뾰로롱 꼬마 마녀>나 <꽃의 천사 루루>, <세일러문> 따위의 만화영화는 버블시기의 특징인 고자본 고인력의 퀄리티 넘치는 작화력을 가감 없이 보여준다. 뿐만 아니라 어딘가 알 수 없는 여유와 낙관, 낭만, 미지의 세계에 대한 동경 등이 고스란히 전해진다. 어린 시절에도 그런 사소한 디테일을 남다르게 느꼈던 것 같다.

한 살부터 세 살까지 기억나지 않는 어린 시절 일본에 잠깐 산 적이 있다. 비록 버블시기를 살짝 빗겨간 1990년대 초반이었지만 경제 호황의 잔상은 그 시절 일본에서 찍은 사진 속에서 고스란히 전해진다. 사진의 조각들이 나의 기억으로 재구성되면서 기억나지 않는 그 시절을 향수로 갖게 되었다. 그래서인지 예전 일본 가요들을 들으면 마치

그 시대의 일본을 경험했던 사람처럼 몽글몽글한 감정이 생긴다.

시티팝을 듣고 있으면 화려한 도시의 밤거리, 루프를 열어 젖힌 오픈카를 타고 즐기는 한낮의 드라이브, 아무런 걱정 근심 없이 원색의 옷을 입고 춤을 추는 소녀들, 빨강 파랑 초록 따위의 알록달록한 옛날식 파라솔 밑에서 시시껄렁한 일간지를 읽으며 일광욕을 하는 소년 등이 떠오른다. 치앙마이는 네온사인이 반짝이는 화려한 도시도, 파라솔이 늘어선 해변도 아니지만 이상하게 시티팝이 듣고 싶어진다. 콘도의 수영장 선베드에서도, 정열적인 레드의 타코집에서도, 숙소 창가에 앉아 노트북을 할 때도 치앙마이의 선곡은 단연 시티팝이다.

-

욕조에 물을 가득 받고 욕실 문을 활짝 연다. 거실과 방은 에어컨으로 냉방을 강력하게 해둔다. 겨울에 영하의 야외에서 뜨거운 노천탕에 들어가는 것과 여름에 두툼한 이불을 둘둘 싸매고 에어컨 희망 온도를 19도로 맞추는 것은 내가 아는 최고의 행복이다. 물에서 올라오는 훈증과 밖에서 들어오는 냉기가 적절히 섞이면서 기분 좋은 노곤함이 완성된다. 거기에 블루투스 스피커로 흘러나오는 시티팝까지. 치앙마이에서의 하루를 마무리하기에 이보다 더 완벽할 수 있을까. 한국에 있을 때는 기분을 업시키거나 한껏 충전할 때 시티팝을 크게 틀곤 했는데, 치앙마이에 와서는 여유에 여유를 덧칠하는 기분이라 어쩐지 럭셔리한 사치라도 부리는 것 같다. 마치 푸아그라에 캐비어와 트러플을 얹어 먹는 느낌이랄까. 이곳에 온 이후로는 모든 감각이 통통하게 살이 오른다.

창가에 앉아 야자수가 싱그러운 초록의 정원을 내려다볼 때
또는 수영장 선베드에 누워 한껏 게으름을 피울 때

- Miki Matsubara의 <Stay With Me>
- Anri의 <Fly By Day>
- 윤종신의 <Welcome Summer>
- 죠지의 <오랜만에>

죠지의 <오랜만에>는 김현철이 2000년에 발매한 노래를 리메이크한 곡이다. 참고로 김현철의 곡 중에도 시티팝의 바이브를 담고 있는 것들이 많다. 김현철 1~3집을 추천한다. 최근에 발매된 10집 <Fe's 10th Preview>는 김현철표 시티팝을 사랑하는 이들에게 명반으로 입소문 중. 윤종신의 <Welcome Summer>는 그냥 대놓고 시티팝이다. 직후 발표한 <Summer Man> 역시 중독성이 최고다.

택시를 타고 치앙마이의 늦은 밤거리를 달릴 때 또는
별이 흩뿌린 글리터처럼 촘촘히 빛나는 밤하늘을
숙소 침대에 앉아 올려다볼 때

- Junko Ohashi의 <Telephone Number>
- Mariya Takeuchi의 <Plastic Love>
- 이상은의 <그대 떠난 후>

Mariya Takeuchi의 <Plastic Love>는 중간중간 나오는 기타 선율이 일품이다. 듣고 있으면 그 감각에 그대로 심취해 밤의 한 공간을 지배하고 있는 기분이 든다. 이상은의 <그대 떠난 후>도 빼놓을 수 없다. 서울에서는 어딘가로 떠나고 싶은 욕망을 달래주었다면, 치앙마이에서는 텅 비어버린 내 몸 구석구석을 촘촘히 채워주는 것만 같다.

치앙마이
미식
일지

03

고기를 굽는 행위에 담긴 의미

일주일에 한 번은 고기를 먹어줘야 한다. 그래야 '이번 주도 무사히 살아남았구나'라는 생각이 든다.

삶은 고기는 고기를 먹었다고 치기에 조금 모호하다. 내 식욕처럼 극성맞게 달궈진 숯불에 자글자글 소리를 내며 구워 먹어야 제대로 된 고기반찬을 먹었다 싶다. 이런 나에게 치앙마이는 감질나기 이를 데 없는 곳이다. 이곳 사람들의 고기 취향이 나와는 영 다르기 때문이다. 치앙마이에서 외식 메뉴로 가장 인기가 많은 음식은 야키니쿠Yakiniku(일본식 고기구이 요리)다. 일본이 영업을 잘하는 탓인지 어느 나라를 찾아도 일식은 인기가 많은데, 태국 사람들도 가족 외식 메뉴로 일식을 몹시 선호한다. 방콕이든, 치앙마이든 복합 쇼핑몰이나 백화점에는 일식당이 70% 이상인 경우가 허다하다.

일식의 야키니쿠란 어떤가. '소 한 마리'라는 엄청난 메뉴가 존재하는 한국의 고깃집과 달리 소담스러운 개인 화로에 적은 양의 고기를 한 점, 두 점 올려서 구워 먹는다. 그런데 태국으로 들어와 변형된 야키니쿠는 고기마저 얇디얇다. 대패 삼겹살이나 우삼겹을 떠올리면 된다. 모든 고기를 어떤 부위든 아주 얇게 썰어서 낸다. 눈꽃 같은 마블링이 잘잘 흐르는, 도톰하게 썰린 안창살과 갈빗살을 맛보고 싶은 나에게는 여간 애석한 일이 아니다. 하지만 우리가 어떤 민족인가. 의지의 한국인이 아니던가. 치앙마이 야키니쿠집 중에 한국인의 감성을 충족시켜줄 만한 곳을 찾았다.

이름하여 치앙마이 호루몬Chiangmai Horumon.

이름부터 뭔가 우리 육식파들의 호르몬을 강하게 자극할 것 같은 느낌이다. 그렇다고 깔끔하고 명료한 형광등 조명에 딱 떨어지는 우리나라 고깃집을 떠올리면 절대 안 된다. 테이블은 기름이 잘 닦이지 않아 미끌미끌하고, 불을 켠게 맞나 싶을 정도로 조명이 희미해 내부는 어둑어둑하며, 좌석도 대부분 야외에 마련돼 있어 모기약을 뿌리고 가는 편이 좋다. 게다가 월요일에 가든, 일요일에 가든 손님이 몹시 많은데 내가 점원을 불러 주문할 차례가 오기까지 시간이 얼마나 걸릴지 모른다. 그냥 주야장천 기다려야만 한다. 그래서 치앙마이 호루몬에서는 추가 주문할 생각은 하지도 말고 가자마자 먹을 고기를 우다다 전부 다 시켜버려야 한다. 안타깝지만 '이따가 더'는 없을 것이다.

먹다 보면 혼이 쏙 빠진다. 정말이지 정신머리가 하나도 없다. 시끄러운 취객들의 소음에 뒤로는 숯불이 든 화로를 들고 돌아다니는 종업원들, 옆 테이블에서 날아오는 매캐한 연기, 화로에서 전해지는 뜨거운 열기까지. 지옥이 있다면 여기가 아닐까 싶다.

고기 맛은 그냥 딱 생각한 그 정도다. 고기가 워낙 얇고(그래도 치앙마이 야키니쿠집들 중에는 나름 두툼하게 썰어서 나오는 편이다) 달큰한 양념에 재어져 나와 생고기를 구워 소금에 찍어 먹는 한국인들에게는 확실히 아쉬운 경향이 있다. 무엇보다 소고기의 질이 썩 훌륭하지 않다. 어쩔 수 없는 것이 태국은 여러 가지 이유로 소고기 소비량이 다른 나라와 비교해 현저히 적다. 국민의 95%가 불교도인 만큼 채식주의자가 많은데다가 고기를 '구워' 먹기 시작한 지도 얼마 되지 않았다. 그리고 많은 이들이 농경사회에서 친구처럼 여겨온 소를 잡아먹는 것에 거부감이 있다고 한다. 어쨌든 이런저런 이유로 태국 소고기는 별로 맛이 없다.

하지만 고기를 굽는다는 것은 맛과는 별개로 상당히 복합적인 행위다.

이 고기가 뭐라고….

주방에서 다 구워져 나온 고기와는 전혀 다른 무언가가 있다. 시뻘겋게 달궈진 숯불에 핏기 가득한 고기를 직접 올려 '치-익' 소리를 들을 때의 그 쾌감. 기름내 가득한 하얀 연기가 피어오르면 마치 포유류를 사냥하던 태곳적 구석기인이라도 된 듯한 눈빛으로 식탐을 드러내게 된다.

이곳에서 고기를 처음 굽던 그날, 만족이라는 단어가 머리부터 발끝까지 채워졌다. 언더락 된 일본식 소주를 입속에 털어 넣고 알맞게 구워진 한 점을 혀에 얹었다. 그 순간 "나 여기 너무 잘 온 거 같아!"를 외쳐버리고 말았다. 홀랑홀랑 취해버린 발걸음으로 숙소로 돌아오는 길은 걸어도, 걸어도 또 걷고 싶은 밤이었다. 20분이 넘는 거리를 흉흉하다는 산티땀 뒷골목까지 누비며 걸어왔건만 힘든 줄도, 무서운 줄도 몰랐다. 말랑한 봄날 같던 치앙마이의 밤, 그 밤의 바람과 공기만이 기억날 뿐이다.

뒷이야기

지난밤의 꿈결 같은 취기가 사라지고 나니 도무지 다시 갈 엄두가 나질 않는다. 대창이라도 구워 먹는 날엔 화로에서 피어나는 그 연기가 초가삼간이라도 태울 듯한 기세로 모든 테이블을 잠식해버리기 때문이다. 그럼에도 위장에 슬슬 기름칠을 하고 싶어지는 날이면 어김없이 떠오르니 이를 어쩐담. 치앙마이 호루몬, 네가 대체 뭐길래!

치앙마이 호루몬 Chiangmai Horumon
www.facebook.com/chiangmaihorumon
55 Sodsueksa Road, 50300
18:00~22:30

태국 음식은 별거 아닌데 맛있더라

해외여행 중에 아무 음식점에나 들어가도 웬만하면 맛있는 나라가 두 군데 있다. 바로 일본과 태국이다. 나만 그랬는지는 몰라도 희한하게 일본이나 태국 여행 중에는 우연히 들어간 음식점에서도 훌륭한 요리를 맛본 경험이 많았다. 치앙마이 역시 기대를 저버리지 않았다. 물론 평점을 보고 맛있다는 곳에 일부러 찾아가는 경우가 많지만, 어쩌다가 갑작스럽게 들른 곳도 신기하게 다 맛있다. 특히 기복이 없는 베스트 4를 꼽자면

팟타이, 팟씨유, 그린 커리, 볶음밥.

이 네 개는 메뉴판을 보고 뭐가 뭔지 모르겠을 때 일단 시켜봐도 좋다. 진짜 희한한 요리 철학을 가진 주방장이 아니라면 이 네 가지 음식이 유난히 이상한 경우는 잘 없다. 팟타이Pad Thai는 태국식 볶음 쌀국수로 피시소스Fish Sauce의 짠맛, 타마린드Tamarind 즙의 신맛, 종려당Palm Sugar의 단맛이 어우러져 복합적인 맛을 낸다. 케첩에 볶은 것 같은 단

맛이라 누구라도 호불호 없이 먹는 대표적인 태국 음식이다. 기본적으로 새콤달콤한 볶음국수지만 가게마다 단맛이 강하기도, 신맛이 강하기도 하다. 넓적한 쌀국수가 들어가는 팟씨유Pad-See-ew의 가장 큰 특징은 간장으로 맛을 낸다는 것이다. '팟'은 볶음을, '씨유'는 간장을 의미한다. 푸른 양배추에 닭고기나 돼지고기, 계란을 쌀국수, 간장과 함께 볶는데(이외에도 해산물이나 게맛살 등 집에 있는 재료를 이것저것 넣으면 된다), 갖가지 재료가 카라멜라이징되어 은근한 단맛이 일품이다. 그린 커리Green Curry는 태국어로 깽 키여우 완Kaeng Keaow Wan이라고 하는데 달콤한 초록색 커리라는 뜻이다. 코코넛밀크가 들어가 부드러우면서도 특유의 칼칼하고 개운한 맛 덕분에 자주 먹어도 질리지 않는다. 볶음밥이야 뭐 말할 것도 없고.

태국 음식의 대부분은 음식점에서 판매하는 것들을 길거리에서도 볼 수 있는데, 어디에서 파느냐에 따라서 가격이 천차만별이다. 태국의 대표 디저트인 로띠Roti도 길에서 흔히 만나게 되는 주전부리 중 하나로 가게에서 파는 것은 가격이 두 배 가까이 비싸다. 하지만 만드는 과정을 보면 알 수 있듯이 별다른 재료가 들어가지는 않는다. 그저 넓게 편 밀가루 반죽 안에 바나나나 망고 등 달콤한 과일을 넣어 튀긴 부침개 같은 것이다. 그 위에 누텔라나 연유 등을 잔뜩 뿌리니 맛이 없을 수가 없다. 밤마다 사 먹고 싶은

태국 간장의 감칠맛이 혀를
자극하는 길거리 팟씨유

계란 오믈렛이 덮여 나온
새콤달콤 팟타이. 기호에 맞게
설탕과 땅콩, 고춧가루를 첨가해
먹을 수 있다. 썰지 않은 쪽파와
라임은 팟타이를 시키면 항상
따라 나오는 플레이팅이다.

옥수수가 들어간 로띠.
도톰하고 바삭한
부침에 달디 단 연유를
잔뜩 뿌려 먹는,
말 그대로 악마의
맛이다.

욕구를 억누르느라 어지간히 힘들었다. 태국 음식은 이렇게 꼭 별거 아닌 거 같은데 맛있다.

한국에 있을 때 이런저런 페이스트를 사다가 집에서 요리를 해본 적이 있다. 재료만 있으면 금방 만들 수 있을 것 같았는데 태국에서 먹던 그 맛이 안 나는 거다. 레몬그라스며, 고수며, 모닝글로리며, 코코넛 밀크며, 필요하다는 것은 수입 식료품점까지 뒤져서 레시피 그대로 만들었는데도 말이다. 이쯤 되니 정말 궁금해진다. 태국인들이 태생적으로 요리를 잘하는 걸까? 아니면 그 나라 음식은 그 나라 사람만이 진정한 맛을 낼 수 있는 걸까?

간단해 보이는데 쉽지 않으니 오기만 생긴다. 현지에서 재료를 공수해갈까, 인자해 보이는 셰프에게 비법을 물어볼까 한참을 궁리하다가 그만뒀다. 아무렴 어떻단 말인가. 나는 지금 여기 치앙마이에 와 있고, 그 맛있는 음식들을 훌륭한 가격에 매일 사 먹을 수 있는데. 역시 맛있는 건 만들 생각 말고 사 먹는 게 최고다. 현지에 와 있을 때 실컷 즐기자. 딴생각 말고.

우연이 데려다준 스시집

맛있는 일식이 먹고 싶었다. 문득 떠오르는 곳은 회 세 점이 딸려 나오는 런치 정식이 맛있었던 키친 허쉬Kitchen Hush. 왠지 친숙한 중년의 일본인 사장님이 있는 고즈넉한 목조 주택이었는데 정갈하고 담백하던 그 집 음식이 아주 괜찮았다. 그렇다고 그때 먹었던 런치 정식을 또 먹고 싶지는 않았다. 셀 수 없이 많았던 메뉴 중에 새로운 것을 한 가지 더 시켜 먹어보기로 했다. 곧바로 그랩 택시를 잡아 탔다.

굳게 닫힌 문. 그랬다. 키친 허쉬는 그날따라 휴업이었다. 정기 휴무일도 아니고, 휴가를 간 것도 아닌데 희한하게 내 일정과 사장님 개인 사정이 겹치는 기막힌 우연이랄까. 이런 날은 날이 아닌 거다. 택시비도 아깝고 짜증도 났지만 '내가 여기서 오늘 점심을 먹었으면 이 집이 불탔거나 붕괴했거나 둘 중 하나지'라며 합리화했다. 갈 곳 잃은 택시 안에서 택시 기사를 붙잡고 급하게 차선책을 결정하기 시작했다. 간밤에 연어회가 먹고 싶어 구글로 치앙마이 곳

곳을 뒤졌더랬다. 그 기록에 의존해 갈 곳을 찾아보자. 좋다! 회도, 밥도 맛있어 보이는 곳, 토미 스시Tomi Sushi로 결정한다.

택시를 타고 다시 한참을 달리는데 뒤늦게 잘한 결정인지 조금 걱정이 되기 시작한다. 한국인 후기가 전무한 곳. 다시 보니 위치도 더없이 생뚱맞다. 현지인들만 찾아가는 동네 맛집의 느낌이 강하게 난다. 하지만 워낙 평이 좋았다. 그거 하나 믿고 이미 출발한 택시에서 괜히 창밖 풍경을 즐기는 척하며 애써 불안감을 달랬다. 억지로 달래다 보니 또 그런대로 걱정이 사라졌다.

토미 스시는 정말 뜬금없는 곳에 자리한 작은 일식집이었다. 옆에 붙은 샤브샤브집에서 식사를 하던 태국인들이 이곳으로 들어가는 나를 '웬일?'이라는 눈빛으로 쳐다볼 정

나름대로 일식집의 구색을 갖춘 토미 스시의 스시바.
작지만 정갈한 분위기가 정겹다.

도였으니 대충 짐작이 갈 것이다. 친구 아버지가 계신 친구 집에 처음 방문하는 초등학생처럼 쭈뼛거리며 들어선 나는 자리에 앉자마자 메뉴판을 집어 들고 일단 화려해 보이는 지라시동을 주문했다. 어딘가 태국 음식점 같은 느낌을 지울 수 없는 태국의 일본 음식점. 그래도 제법 구색을 갖춘 스시바와 히라가나로 장식한 가랜드에서 주방장의 진정성을 엿볼 수 있었다. 잠시 후 등장한 지라시동. 무척 실한 해산물에서 나는 기대를 품을 수밖에 없었다.

다행히 맛은 훌륭했다. 신선하고 탱글탱글한 해산물은 물론 적당히 새콤달콤한 단촛물과 고슬고슬 제대로 지어진 밥의 조화가 훌륭했다. 치앙마이에서 이 정도 퀄리티의 지라시동을 먹을 수 있다는 것이 놀라웠다. 가격은 한국의 반값에 가까웠으니 만족도는 두 배였다. 갑작스럽게 찾은 음식점에서 이토록 선물 같은 미각의 충족이라니! 뭐든 예상치 못했던 순간은 감각을 두 배로 확장시키는 힘이 있다. 토미 스시를 급하게 찾은 나를 칭찬해줘야 할 것 같다. 아니, 오늘따라 문을 닫아버린 키친 허쉬의 사장님께 감사해야 하는 걸까?

노트북까지 바리바리 챙겨 나온 김에 근처의 갈 만한 카페를 검색했다. 오늘의 여정은 컨셉이 '우연'이다. 걸어서 금방이라더니. 나는 지금 차들이 쌩쌩 달리는 고속도로 옆

생각보다 실하게
꾸려져 나온 지라시동

갓길을 나무 덩굴과 흙먼지를 따돌리며 15분째 걷고 있다. 흡사 생고생 다큐멘터리라도 찍는 기분이다. 한낮의 치앙마이는 역시나 목덜미가 뜨끈뜨끈하고 정수리가 지글지글한다.

저 멀리 주택가 골목 구석에 카페 넘버 에잇Café Number 8이 보인다. 사람도, 차도 없는 작은 동네에 우아하고 한적한 카페 넘버 에잇이 있었다. 카페에는 나와 다른 테이블의 여자 손님, 단 둘뿐이었다. 테이블 옆으로 깨끗한 통유리창이 나 있고 그 밖으로 널찍한 정원의 풍경이 보인다. 바깥 기온을 가늠할 수 없을 만큼 짱짱하게 냉방이 가동되는 실내에는 여름날에만 느낄 수 있는 공기가 서려 있다. 한껏 더워하다가 한껏 추워하며 뜨겁게 내린 홍차를 마시는

나는 아무리 더운 날씨여도 실내에 냉방이 강한 경우에는
대부분 뜨거운 차를 주문한다.

넓고 정돈된 정원에 마음을 빼앗겼던 카페 넘버 8.
하지만 볕이 너무 뜨거워서 야외에 앉을 수는 없었다.

여름날의 카페를 좋아한다.

게으르게 늘어지는 치앙마이의 한낮에 어딘지도 모르는 동네로 떠밀려와 그 우연의 공간 속에 앉아 한참 동안 글을 썼다. 원래는 '정처 없이', '갑자기', '우연히' 같은 것들을 별로 좋아하지 않는다. 계획에 없던 행동으로 기분을 망치는 것도 싫고, 그 뒤의 시간까지 '예상 밖의 시간'으로 볼모 잡혀버리는 기분도 싫다. 그런데 이상하게 치앙마이에서는 우연을 자꾸 만나고 싶어진다. 인적이 드문 골목 끝으로, 읽을 수 없는 글자가 가득한 찻길 건너편으로, 더 멀리, 더 많이, 자꾸자꾸 깊숙이.

키친 허쉬 Kitchen Hush
www.facebook.com/pages/Kitchen-Hush/189593807718297
4 Soi 2, Kaeo Nawarat Road, 50000
11:30~14:00, 18:00~22:00, 수요일 휴무

토미 스시 Tomi Sushi
tomi-sushi.com
Old Sankampaeng Road, 50000
월~토 12:30~21:00 일요일 16:00~21:00

카페 넘버 에잇 Cafe Number 8
www.facebook.com/cafeno.8chiangmai
8 Anuwitee Road, 50000
09:30~19:00, 화요일 휴무

독일 가정식과 멕시코식 타코 전문점

치앙마이는 다양한 국적에 대한 포용력이 참 좋은 도시다. 이렇게 단출한 소도시에 이런저런 나라의 문화가 적절히 배어 있는 모습이 한국에서 온 내 눈에는 무척 놀랍다. 우리나라의 소도시들로 대입해 생각하니 여간 신기한 일이 아니다. 여행을 다닐 때마다 먹깨비를 자처하는 내가 이런 기회를 놓칠 리 만무하다. 두 달이라는 시간이 주어졌으니, 또 마침 태국 음식이 조금 질리기도 하니 세계 각국의 음식을 원 없이 먹으러 다녀보기로 한다.

치앙마이에는 다양한 국적의 사람들이 제 나라의 음식을 주 메뉴로 연 식당이 꽤 많다. '그 나라 사람'이 만드는 '그 나라 음식'이라는 진정성도 치앙마이에서 세계 음식을 자꾸 찾게 하는 이유 중 하나다. 돌이켜보면 태국식, 중식, 일식은 물론 프랑스식, 이탈리아식, 멕시코식, 인도식, 독일식 등등 참 열심히도 먹었다.

그중 가장 기억에 남는 곳은 독일 음식점이다. 인심 좋게

생긴 독일인 사장님이 운영하는 독일 가정식 뷔페였다. 독일 가정식에 대해서는 들어본 바도, 먹어본 바도 없는 문외한으로서 표현하자면, 마치 갑자기 불쑥 찾아온 방문객에게 독일인 할머니가 급히 차려 내어주는 따뜻한 정이 느껴지는 음식이랄까. 독일식 족발인 학센, 독일식 수제 소시지, 으깬 감자와 크림 스피니치 등이 대표 메뉴였고, 그 밖에 생선가스나 미트볼, 햄버그스테이크 같은 것들도 있었다. 디저트 종류도 상당히 많았는데 모두 엄청난 크기를 자랑하는 것들이라 한 개 먹으니 더 이상 먹을 엄두가 안 났다. 독일 음식이 이렇게 푸짐한 음식이었던가.

거창한 호텔 뷔페를 생각하면 안 되고, 훌륭한 가성비에 칼로리 따지지 않고 이것저것 맛보고 싶다면 가볼 만한다. 반은 실내, 반은 야외 같은 느낌 또한 독특했다. 해가 질 무렵 테라스에 앉아 맥주와 함께 식사를 즐겼더니, 정말 친한 독일인 친구 집에 초대라도 받은 기분이었다.

무엇보다 이곳에 가기까지의 여정이 참 재밌다. '이런 곳에 독일 가정식 뷔페가 있다고?'라는 물음이 절로 나오는 호젓한 동네 골목길로 들어서야 하는데, '아무래도 아닌 것 같은데'라는 의심이 들 때쯤 식당이 등장한다. 치앙마이 현지인들의 생활이 그대로 느껴지는 골목이라 생경하면서도 설레는 마음을 숨길 수 없었다. 낯선 세상을 발견

독일 가정식 뷔페 아우프 데 아우 가든의 내부 전경

했을 때 고개를 들이미는 예의 그 관음 심리가 꿈틀거렸다. 지극히 '치앙마이스러운' 골목 끝에 이국적인 독일 가정식 뷔페라니, 그 조합이 참신해서 들어가는 순간부터 괜히 마음을 빼겨버렸는지도 모르겠다.

또 하나 기억에 남는 곳은 멕시코식 타코 전문점이다. 이곳은 제법 인기가 좋은지 님만해민 근처 후웨이깨우 로드에 하나, 올드시티 동북쪽 루암촉에 하나 총 두 개의 지점이 운영 중이다. 내가 방문한 곳은 님만해민 지점이었는데 입구에서부터 멕시칸 음식점임을 증명이라도 하듯 정열의

(위) 살사 키친의 창으로 햇빛이 들어오면 레드와 오렌지가 뜨겁게 조화를 이룬다.
(아래) 스테이크가 푸짐한 살사 키친의 대표 메뉴 화이타

붉은빛 인테리어가 강렬한 기운을 뿜어내고 있었다. 내부는 더욱 이국적이었다. 벽이며, 의자며, 테이블보며 웬만한 것들은 전부 빨간색이었는데 그게 촌스럽지 않게 어우러졌다. 의자에 무심하게 놓여 있던 자주색과 네온색이 조합된 에스닉한 무늬의 쿠션들은 또 어떻고. 이 모든 요소가 분위기에 약한 나를 한껏 고조시키기에 충분했다.

제법 가격이 나가는 편인 스테이크 화이타를 시켰다. 깜짝 놀랄 만한 양이었다. 태국이라고는 믿을 수 없는 실하고 두툼한 찹스테이크가 접시 가득 나왔는데 실물을 보고나니 결코 비싼 것이 아니었다. 웬일로 달콤한 양념을 잔뜩 바르지도 않았고, 미듐레어와 미듐의 중간 정도로 육즙도 촉촉하게 살아 있었다. 치앙마이에서 손꼽히게 맛있는 소고기를 이곳, 멕시코식 타코 전문점에서 먹을 줄이야! 얇은 토르티야에 불향 가득 나게 구워 나온 파프리카와 양파, 찹스테이크, 할라피뇨를 요거트 소스에 잔뜩 찍어 싸 먹었다. 먹어본 멕시칸 요리 중 최고였고, 입에서는 "올라!"가 절로 나왔다.

생각해보니 태어나서 먹은 멕시칸 요리 중에 최고라고 내세우는 것은 조금 허풍인 것 같다. 아무래도 분위기에 약한 내가 그곳이 뿜어내는 강렬한 기운에 압도당해 실제보다 몇 배로 맛있게 느낀 것이 아닐까 싶다. 치앙마이에서 조금 색다른 음식이 당길 때 방문하면 좋을 곳이라고 정정하겠다.

아우프 데 아우 가든 Auf Der Au Garden
www.facebook.com/AufderAuGarden
20 Loi Kroh Road, 50100
8:00~14:00, 17:30~19:30

살사 키친 Salsa Kitchen
salsafeast.com
26/4 Huay Kaew Road, 50300
11:00~23:00

아파도 먹긴 먹어야죠

며칠을 내리 크게 아팠다. 오한과 발열을 반복하고, 장염까지 걸려 설사로 고생을 했다. 타지에서 아프니 덜컥 겁이 났다. 간밤에 아무것도 먹지 못한 채로 땀을 잔뜩 흘리며 잠을 설쳐서인지, 아침에 화장실에서 나오는 길에 어지러워서 쓰러지고 말았다. 그러면서 어딘가에 찧었는지 머리에 혹까지 얻었다. 정신이 없다 보니 혹도 뒤늦게야 발견했는데, 쓰러지면서 부딪힌 것도 기억하지 못해 어쩐지 아픈 뒤통수를 만져보다가 화들짝 놀랐다. 부딪힌 기억이 없으니 가뜩이나 심약해진 마음에 볼록한 혹이 또 다른 증상인 줄 알고 기겁을 한 것이다.

먹으면 화장실로 직행하는 통에 이틀 가까이 굶고도 음식을 목구멍으로 넘기기가 겁이 났다. 그런데 아무래도 뭘 먹어야 기력이 회복될 것 같았다. 결국 태국 사람들이 즐겨 먹는다는 쪽(죽) 집을 찾았다. 올드시티에 위치한 쪽 솜펫Jok Sompet으로 24시간 운영하는 곳이다. 현지인들이 아침저녁으로 많이 찾는 곳이고, 죽 말고 다른 음식도 많아

쪽 솜펫의 아무것도 추가하지 않은 흰 쌀죽.
치즈처럼 보이는 것은 태국에서 자주 사용하는 튀긴 국수 고명이고,
그 밑으로는 채 썬 생강과 쪽파가 있다.

외국인들에게 맛집으로 이미 유명했다. 태국식 죽이라니 그 맛이 조금 불안하기도 했지만 먹어보니 상상 이상이었다. 아무리 태국 음식이 훌륭하다지만 죽까지 맛있을 줄이야. 아주 곱게 미음처럼 쑨 죽과 쌀알이 씹히는 죽, 두 가지 중 선택할 수 있다. 물은 찬물과 따뜻한 물을 동시에 팔았다. 아픈 와중에도 웃음이 났다. 태국은 어떤 음료든 시키기만 하면 얼음이 컵의 반 이상을 꽉 채워 나오는 곳인데, 몸이 약해진 사람들이 찾는 곳이 맞긴 맞는지 웬일로 따뜻한 물이 있으니 별일이라는 생각이 들었다. 이곳 사람

들도 아플 때는 몸을 따뜻하게 해야 낫는다고 생각하는 모양이다.

메뉴판 제일 위쪽에 있는 미음처럼 쑨 죽 중 플레인을 시켰다. 흰 쌀죽에 쪽파 몇 개와 채 썬 생강 몇 조각을 얹은 것이 전부였다. 비주얼은 조금 수상했지만 맛은 희한하게 닭죽처럼 감칠맛이 나고 고소하니 너무 훌륭했다. 죽을 쑬 때 닭 육수를 쓰는 게 아닐까 싶다. 잣죽 느낌도 들고 찹쌀죽처럼 찰기가 있는 것도 같다. 쌀알이 안 보일 정도로 곱게 갈려 있어서 마치 유동식을 넘기듯 삼키기가 너무 편했다. 48시간 동안 아무것도 먹지 못하다가 입에 넣은 첫 끼라 많이 먹지는 못했지만 건강한 상태에서 찾았다면 한 그릇을 뚝딱 비웠을 맛이었다. 바질 닭고기덮밥도 인기 메뉴다. 다른 테이블을 보니 실한 닭다리 하나가 아주 먹음직스럽게 양념되어 구워져 나왔다. 가격은 90밧으로 실로 놀라운 가성비가 아닐 수 없다. 내가 시킨 죽은 25밧이었으니 먹으면서 송구스러울 지경이었다. 우리나라에도 건실한 죽집이 많지만 아플 때는 오히려 이런 심플한 흰 죽을 먹었으면 싶다. 직접 쑤기에는 몸 상태가 영 별로고 그렇다고 고기나 해물이 든 죽은 내키지 않는다. 집 근처에 쪽 솜펫이 있으면 아플 때마다 플레인 콘지(흰 죽)를 포장하러 올 것 같다. 플레인 말고도 치킨, 포크볼, 쉬림프, 시푸드 등 옵션도 다양하다. 아침 첫 끼나 뜨끈한 한 끼를 먹고 싶을 때 찾으면 만족스러운 식사가 가능할 것 같다. 참고로 쪽 솜펫은 Joke Sompet이라고도 쓰니 혹시 그랩이나 구글에서 Jok Sompet이 안 뜰 경우 Joke Sompet을 검색해볼 것.

건강한 식사를 하고 싶다면 일본 가정식을 파는 스마일리 키친Smiley Kitchen도 가볼 만하다. 이곳은 어쩐지 일본 영화의 한 장면 같기도 한데, 혼자 온 일본인들이 드문드문 각자의 테이블에 자리 잡고 앉아 있었다. 야외에 앉아서 늘어지게 기지개를 켜고 있는 일본인 아저씨 1, 구석에서 말없이 신문을 읽고 있는 일본인 아저씨 2, 주방과 가까운 테이블에 앉아 하염없이 뉴스를 시청하는 일본인 할아버지 등등.

작고 소박한 스마일리 키친은 일본 소도시의 정갈한 동네 식당 느낌이 물씬 났다. 스마일리 키친의 인기 메뉴는 '오늘의 벤또 정식'이다. 속앓이를 했던 내가 회복 기간에 먹기 알맞을 것 같았다. 일본 가정식다운 반찬 몇 가지에 흰 쌀밥, 미소국이 나왔다. 메뉴는 그날그날 바뀐다고 한다. 이곳의 사장님은 40~50대로 보이는 일본 여성이었는데 역시나 일본 영화에 나오는 주인공 같다는 생각이 자꾸만 들었다. 아무래도 일본 영화를 너무 많이 본 것 같다.

스마일리 키친의 소박하지만 정갈한 한 끼 밥상.
다행히 메뉴에 고기도 포함된다.

이날 내가 시킨 벤또 정식에는 햄버그스테이크, 그 밑에 깔린 양배추 채, 야끼소바 조금, 브로콜리와 새우와 두부가 들은 찜, 양상추와 으깬 달걀이 버무려진 샐러드, 일본식 달걀말이와 흰 쌀밥, 미소국이 나왔다. 150밧으로 이런 건강한 식사를 할 수 있다는 것이 놀라웠다. 처음 몇 숟가락은 장에서 꾸룩꾸룩 신호를 보내더니 점점 잠잠해지며 꿀떡꿀떡 잘 넘어갔다. 시장이 반찬이라고, 흰 쌀밥이 너무 달고 맛있었다. 반찬들도 심심하고 부드러워서 누구나 부담없이 먹을 수 있을 것 같다.

치앙마이에서 깔끔하고 순한 한 끼를 먹고 싶을 때 이곳을 찾으면 후회하지 않을 것이다. 150밧의 점심 정식은 너무나 가성비가 훌륭하지 않은가. 스마일리 키친 한 곳만을 위해 님만해민을 찾는다고 해도 나는 말릴 생각이 조금도 없다.

쪽 솜펫 Jok(e) Sompet
m.facebook.com/pages/Jok-Sompet/288387977921059
59/3 Sri Poom Road, 50200
24시간

스마일리 키친 Smiley Kitchen
Nimmanhaemin Road Soi 3, 50200
11:30~14:30, 17:30~21:00, 일요일 휴무

아, 그냥 팟타이 시킬 걸

잘 모르는 태국 음식을 먹어보자.

이번 치앙마이 두달살이를 떠나기 전 세운 목표 중 하나다. 태국 음식이라고 하면 딱 떠오르는 팟타이, 똠얌꿍, 그린커리, 뿌팟퐁커리 말고. 이름이 알려지지 않은, 남들이 잘 모르는 현지 음식을 먹어보고 싶었다.

태국의 북부에 해당하는 치앙마이에 왔으니 북부 전통 음식을 먹어보자는 생각으로 사람들이 잘 먹지 않는 몇 가지를 시켰다. 돼지고기로 만든 음식이 많았다. 순대같이 생긴 두툼한 북부식 수제 소시지나 돼지고기 숯불구이, 혹은 야채와 다진 돼지고기를 소스에 볶은 반찬 같은 것들. 음식을 기다리며 다른 테이블을 힐끗 관찰했다. 놀랍게도 손님의 대부분은 팟타이나 볶음밥 같은 흔한 태국 음식을 먹고 있었다. 태국 북부 스타일 소시지 같은 현지 메뉴가 벽에 버젓이 붙어 있는데도 말이다. 직접 먹어보니 그 이유를 알 수 있다. 물론 향신료 맛이 심하게 나거나 향이 강한

치앙마이 전역에서
쉽게 찾아볼 수 있는
북부 전통음식 카오소이.
자작한 카레 국물에
노란 계란 국수와
고명으로 가득 뿌려진
튀긴 국수까지, 비주얼은
거의 다 비슷하다.
고수를 못 먹는다면
주문 시 '마이 싸이 팍치'를
잊지 말 것!

야채가 들어 있는 것은 아니라서 좀처럼 먹기 힘든 정도는 아니었다. 하지만 낯설고 생경한 그 맛을 굳이 또 경험하고 싶지도 않았다.

북부 음식으로 유명한 것 중에 인기가 많은 것은 카오소이Khao Soi가 유일하다. 먹어보니 과연 그럴 만했다. 다른 설명이 필요 없이 누가 먹어도 맛있는 맛이었다. 달걀을 넣어 반죽한 노란 국수에 카레 국물 같은 것을 부어 먹는 음식인데, 닭이나 소고기, 해물 같은 것을 고명으로 고를 수 있다. 화룡점정으로 마지막에는 과자처럼 바삭하게 튀긴 국수를 뿌려 먹는다. 실제로 카오소이는 치앙마이에 놀러온 사람들이 대부분 먹어보는 유명한 음식 중 하나다. 나 역시 두 달 사는 동안 꽤 여러 번 먹었다.

또 하나의 낯선 태국 음식에 도전한 경험이라면 랏나rad nha를 맛본 것도 빼놓을 수 없다. 나는 자타공인 면 마니아다. 태국식 울면이라고 하는 랏나를 맛보지 않을 수 없었다. 라자냐처럼 넓적한 쌀국수 면에 전분을 푼 걸쭉한 국물을 곁들여 먹는 음식이었다. 사진으로만 봤을 때는 빨리 먹고 싶어 견딜 수 없는 비주얼이었지만 맛은 기대 이하였다. 몇 젓가락 맛보다가 "아, 그냥 팟타이 시킬걸" 하는 속내가 나도 모르게 터져 나왔다. 참고로 CNN이 2012년 독자 투표로 선정한 '세계에서 가장 맛있는 50대 요리'에서 팟타이는 5위를 차지한 바 있다.

보편적으로 알려진 것에 염증을 느껴 이것저것 새로운 것을 시도해보곤 하지만 대중적인 데는 이유가 있다. 물론 외국인들에게 아직 유명해지지 않은 태국 음식들이 전부 별로였다고 말하기에는 무리가 있다. 하지만 맛있기로 유명한 음식들이 그렇게 된 데에는 확실히 그럴 만한 포스가 있었다. 덕분에 당분간은 너도나도 좋다는 것에 반감을 갖는 '나 혼자 특별해 병'에서 벗어날 수 있을 것 같다.

대실패했던 랏나

인생 코코넛 타르트

이름만으로도 설레게 하는, 맛을 보지 않고도 마음을 빼앗겨버리는 음식이 있다. 나에게는 코코넛 타르트가 그랬다. 코코넛과 타르트의 조합이라니. 이름을 되뇌는 것만으로도 휴가 온 기분을 만끽하기에 충분했다. 하지만 정확히 어떤 맛일지는 상상이 가질 않았다. 생각해보니 나는 코코넛이라고는 코코넛 오일의 쿰쿰한 향내와 말린 코코넛 칩의 고소한 맛을 경험한 것이 전부였다. 생 코코넛의 과육을 먹어본 적은 없으니 코코넛 타르트가 어떤 맛일지 떠올리기 어려운 것이 당연했다. 이런 내가 코코넛 타르트 맛집을 일부러 찾아 나섰을 리 만무하다. 핑 강 근처에 있는 카페 반 피엠숙Cafe Baan Piemsuk은 그 주변 다른 카페를 찾다가 우연히 발견했다.

검색해보니 치앙마이에서 코코넛 타르트와 그 밖의 다른 케이크들로 이미 유명한 카페였다. 어두컴컴한 외관과 선명하지 않은 간판이 모르고 지나치기 딱 좋은데 운이 좋았다. 카페 반 피엠숙의 대표 메뉴는 코코넛 타르트다. 정식

명칭은 '코코넛 크림 파이'. 그 밖에도 코코넛 케이크, 망고 파이, 바나나 크림 파이, 스트로베리 치즈 케이크 등 다양한 디저트를 판매하고 있었다. 나는 코코넛 크림 파이, 바나나 크림 파이 한 조각씩과 아메리카노를 주문했다.

손님은 대부분 태국인이었다. 그들 사이에서도 유명한지 테이블마다 코코넛 크림 파이를 올려두고 인증샷을 찍기 바빴다. 벽에는 카페 반 피엠숙의 디저트 사진들과 신메뉴 홍보 사진들이 학창 시절 환경미화 시간을 연상케 하는 모습으로 귀엽게 붙어 있었다. 여기저기 둘러보며 한 3분쯤 지났을까. 커피와 파이 두 개가 소담스럽게 나왔다.

코코넛 크림 파이의 첫 인상은 다소 평범했다. 그나마 눈길을 사로잡은 건 뽀얀 크림이 파이 생지를 잡아먹을 듯이 풍성하게 덮여 있었다는 것 정도? 뜨거운 아메리카노로 입안을 쌉싸래하게 적셔 놓은 후, 솜사탕 같은 크림과 파이를 왕창 떠내어 혀로 안착시켰다.

맙소사, 너무 맛있다!

향긋한 코코넛 향이 가득한 크림 사이로 감자채 같은 식감의 코코넛 과육이 서걱서걱 씹혔다. 과육의 참맛을 느끼기 위해 숨을 참았다 들이쉬었다 하면서 열심히 입맛을 다셨

(위) 엉성하지만 정성이 느껴지는 카페 반 피엠숙의 인테리어
(아래) 크림이 만년설처럼 뒤덮인 코코넛 타르트

다. 내가 좋아하는 썬탠 오일 냄새 같은 진하고 달달한 코코넛 향이 혀뿌리부터 비강까지 부드럽게 뒤덮었다. 바삭한 파이보다 입안을 꽉 채우는 크림의 양이 월등히 많은 것이 오히려 좋았다. 한 입씩 넣을 때마다 너무 행복해서 두 주먹을 불끈 쥐고 몸을 떨었다. 카페 반 피엠숙의 코코넛 타르트는 나에게 처음이자 마지막일 것 같은 인생 코코넛 타르트가 되었다.

이곳의 코코넛 타르트는 이후 다시 찾았을 때도 기복 없는 맛을 자랑했다. 한국에서 쉽게 맛볼 수 없는 타르트라서 그런지 조만간 이 맛을 두고 떠나야 한다는 사실이 아쉬웠다. 웬만한 것은 다 맛볼 수 있게 된 한국이지만 코코넛 같은 열대과일만큼은 본국을 따라가기가 쉽지 않은 모양이다. 코코넛 타르트를 비스무리하게라도 파는 곳이 있는지 인터넷을 열심히 뒤져봤지만 마땅한 곳이 없다. 코코넛 타르트 때문이라도 치앙마이에 다시 와야 할 것 같다. 이렇게 핑계가 하나 더 늘었다.

카페 반 피엠숙Cafe Bann Piemsuk
www.facebook.com/baanpiemsuk
28 Chiang mai-Lamphun Road, 50000
09:30~18:30

1. 구글 평점이나 트립어드바이저 평점을 참고하라

네이버 블로그 추천 맛집에 가면 한국인 정모가 이루어지고, 웨이보 추천 맛집에 가면 중국인 정모가 이루어진다는 우스갯소리가 있다. 객관적인 정보를 알고 싶다면 구글 평점이나 트립어드바이저 평점을 참고하는 것이 도움이 된다.

2. 구글에서 외국 문서를 검색하라

'Best Jazz Bar in Chiang mai'와 같이 찾고자 하는 목적에 따라 영어로 문장을 만들어 검색해본다. 다양한 미식 정보 사이트에서 올려둔 칼럼은 물론, 현지인이 직접 작성한 포스팅도 검색이 된다. 어느 나라를 가든 꽤나 유용하다.

3. 현지인에게 직접 물어보라

우연히 마주치는 현지인들에게 집접 물어본다. 숙소의 호스트, 그랩 기사, 콘도 관리인 등 누구든 상관없다. 뻔한 식당을 소개해줄 때도 있지만 숨겨진 현지인들의 맛집 정보를 듣게 되는 경우가 훨씬 많았다. 쑥스러움은 잠깐이지만 맛의 기억은 영원하다. 그냥 눈 딱 감고 부딪쳐보자.

인생은
치앙마이
고양이처럼

04

국제 고양이 호구

새 동네로 이사를 와서 모든 게 낯설 때 녀석들을 만났다.

손바닥만 한 새끼 고양이와 그런 새끼를 보고 어쩔 줄 몰라 하던 어미 고양이. 폭염이 기승을 부리던 작년 7월, 작열하는 아스팔트 위에서 가쁜 숨을 몰아쉬며 갈비뼈가 다 드러난 채 나를 빤히 바라보던 그 새끼 고양이 때문에 동네 길고양이들을 챙기기 시작했다. 그때부터 나는 이 동네의 '공식 고양이 호구'가 되고 말았다. 다들 밥을 내놓으라며 애옹애옹 울다가도 밥이 떨어지면 썩 꺼지라고 하악거리기 일쑤였다. 그렇게 나는 수개월을 매일같이 녀석들의 밥과 물을 챙겼고, 한국을 떠나오기 전에는 스티로폼과 볏짚으로 겨울 집까지 만들어두었다.

치앙마이에서도 나의 호구 포지션은 유효했다. 국제 고양이 협회에서 내가 치앙마이에 도착했다는 정보라도 업데이트 됐는지, 수많은 고양이가 나를 기다리고 있었다. 치앙마이에 고양이가 많다는 이야기는 들었지만 이렇게 많을 줄이야. 하루에 한 마리씩은 꼭 마주치는 것 같다. 이들은 하나같이 만사가 귀찮은 표정과 걸음걸이를 자랑한다. 치앙마이 사람들 또한 이런 고양이들을 본체만체한다. 고양이와 사람 모두 공평하게 서로에게 관심이 없다.

나는 그들에게 관심이 정말 많다.

고양이들을 만날 때마다 무심하고 시크한 척 그냥 지나칠 수가 없다. 아무리 무시당해도 끝까지 다가가서 인사를 해야 직성이 풀린다. 뒤돌아 앉은 통통한 뒤태와 버들가지처럼 흔들거리는 꼬리를 보고 있으면 가까이 가지 않고는 참기가 힘들다. 고양이들은 마치 그런 나의 일방적인 구애를 예상했다는 듯이 "내가 좋은 건 알겠는데 보기만 해. 가까이 다가오지 마!" 하고 눈으로 으름장을 놓곤 한다. 가끔 내가 참지 못하고 다가가 등이라도 쓰다듬으면 "야!" 하고 호통을 치듯 외마디 비명을 지르고 도망간다. 호되게 혼나고 나면 그제야 정신이 들어서 "미안" 하고 사과를 한다. 정말 바보가 따로 없다.

내가 고양이들을 귀찮게 하는 것은 확실하다. 가끔은 너무 절실한 표정으로 먼저 다가와주길 바라고 있으면, 높은 확률로 거들떠보지도 않고 지나간다. 고양이들이 관상을 보는 게 아닌가 싶다. 딱 봐도 내가 질척거리고 귀찮게 하게

눈으로 욕하는 중

내 몸에 손대기만 해봐

생긴 인간의 관상인 게 틀림없다. 평상시에는 슬슬 피해 다니다가도 도움이 필요할 때는 꼭 나를 찾아 자리를 잡는다. 대단한 밀당의 고수가 아닐 수 없다. 가끔 만져주는 손길이 흡족할 때는 몇 차례 고심하다가 다시 다가와 쓰다듬음을 종용하기도 하고, 음식이 마음에 드는 날이면 빨리 내놓으라는 듯한 표정으로 시위를 하기도 한다. 이때도 그냥 주면 안 된다. 볶은 닭고기를 몇 번이고 앞에 가져다주어도 고사하길래 다시 가져다가 잘게 찢어서 주었더니 그제야 맛있게 먹기 시작한다. 이렇게 나 싫다는 존재에게 지극정성으로 잘해주려고 애써본 적이 있었던가. 항상 주고 나면 얼마나 받았는지, 나만 주는 것은 아닌지 재고 따졌던 인간 세상의 삶을 떠올려본다. 희한하게 고양이들에게만큼은 기꺼이 지고지순해진다. 호구가 되어도 고양이 세상의 삶이 더 즐거운 이유는 뭘까. 아무래도 귀여워서인 것 같다. 나는 오늘도 문밖을 나서며 그들에게 호구를 자처한다.

그래서 뭐? 그게 왜?

인생의 많은 문제는 자신이 특별하다고 생각하는 데서 생겨난다. 나의 삶은 지금껏 스스로를 특별하다고 여기는 자의식과 그것을 인정해주지 않는 세상과의 간극에서 벌어지는 전투였다. 하루하루 총성 없는 치열한 싸움이 계속되었다. '나는 이 세상의 수많은 생명체 중 하나일 뿐'이라는 지극히 당연한 진리를 받아들이지 못해서 수많은 날을 눈물과 한숨으로 지새웠다. 결국에는 '아무도 나라는 원석을 알아봐주지 않아'라며 세상과 통하는 문을 닫아버렸다.

그 후로 얼마가 지났을까. 이사 온 낯선 동네에서 푸른 회색빛 턱시도를 근엄하게 차려입은 고양이를 만났다. 녀석은 늘 도로 한구석에서 색다를 것 없는 세상을 한 치의 흔들림 없는 눈빛으로 바라보고 있었다. 내가 다가가서 등을 어루만져도 호박색의 눈동자를 껌뻑일 뿐 세상을 바라보는 태도에는 미동이 없었다. 나는 녀석이 항상 있는 언덕을 지나가려고 일부러 몇 정거장 전에 버스에서 내렸다. 세상 속에 섞여 평범한 사람으로 살아가기를 포기한 대신 모든 게 단절된 혼자만의 세상에서 특별한 사람으로 살아가기를 선택한 나에게, 매일 그 자리에서 같은 모습으로 세상을 바라보는 녀석은 큰 위로가 되었다. "넌 특별하지 않아. 그러니까 그냥 하고 싶은 대로 하고 살아"라고 말하는 것 같았다. 특별하지 않기에 오히려 하고 싶은 대로 할 수 있는 자유, 고양이에게는 그것이 있었다.

치앙마이에 도착하고 얼마 후 두 마리의 고양이가 서로만의 대화를 하는 듯한 귀한 장면을 마주했다. 두 고양이가 약속이라도 한 것처럼 도로 한가운데에서 만나 서로의 안부를 묻는 그 모습이 나에게 너무나도 특별하게 다가왔다. 하지만 그들은 별일 아니라는 듯 무심하게 내 곁을 스쳐 지나갔다. 마치 유난 떨지 말라는 선승처럼, 그렇게.

이곳 사람들은 고양이들에 대해 과한 애정도, 혐오도 없다. 고양이는 그저 고양이일 뿐이다. 그래서 그런지 치앙마이 고양이들은 아무 곳에서나 더 깊게 잠들고, 더 마음껏 하고 싶은 대로 한다. 카페나 식당도 제집 드나들 듯 아무 때고 와서 잠시 쉬다 간다. 갑자기 옆자리로 올라와 잠들었다가 깨어나도 졸린 눈을 하고 아주 귀찮다는 듯이, "좀 졸려서 잤는데. 그게 뭐?"라고 응수한다. 먹을 것을 좀 나눠주라며 잔소리를 하다가도 얻어먹고 나면 태도를 싹 바꿔, "네가 줘서 먹었는데. 그게 뭐?"라며 싸늘하게 등 돌

고양이들이 만들어준 사랑스러운 장면

려 떠나기 일쑤다. 그렇게 마음 가는 대로 행동한들 이 세상 귀여움이 아닌 듯 사람을 홀리는 그 자태를 보면 저절로 마음이 녹는다.

내 눈에 비치는 것처럼 고양이들도 스스로를 특별하게 여긴다면 어땠을까. 아마 지금처럼 당당하게 "그게 뭐?"라고 쏘아붙이지 못했을 것이다. 귀하고 고상한 몸으로 아무데서나 이빨을 보이고 드르렁 잠들지도 못할 것이며, 아무에게나 먹을 것 좀 달라고 울어대기도 영 체면이 서지 않을 것이다. 스스로 만든 왕관을 내려놓지 못해 하루하루가 무거웠던 한국에서의 내 모습이 떠오른다.

언제라도 "그게 뭐?"라고 말할 수 있는 당당함이 있었던가. 너무나도 특별해서 그토록 소중했던 나인데 왜 한 번도 세상에 그게 뭐 어떠냐고, 그럴 수도 있지 않냐고 이야기하지 못했던 걸까. 바람에 떨어지는 풀잎이 머리를 간질어도, 부드러운 등을 몇 번이고 쓰다듬어도 정신없이 잠들어 있는 털북숭이 고양이를 내려다보며 그동안의 나를 생각했다. 뒤늦게 잠에서 깬 고양이가 나를 빤히 쳐다본다.
'나는 그냥 졸려서 잔 것뿐인데 너는 또 무슨 생각이 그렇게 많니?'

이 얼마나 제멋대로의 삶인가!

짧은 인생에 뭐 이리 얽매인 것이 많을까. 이건 이래서 곤란하고, 저건 저래서 곤란하고, 내 인생은 언제나 곤란한 것투성이다. 물리적으로도, 사회적으로도 얽매인 것 하나 없는데 항상 내 마음이 그랬다. 아무도 나를 잡아 묶은 사람이 없는데 늘 스스로를 돌돌 묶어버렸으니, 속뜻을 따질 필요도 없이 '자승자박' 네 글자가 내 모습 그 자체였다.

나에게 치앙마이에서의 두 달은 본능의 자유를 마음껏 누릴 수 있는 시간이다. 지금도 '당장 한국에 돌아가면 생활비를 어떻게 충당할까', '생활 계획표를 어떻게 짜서 움직여야 좋을까' 등등 온갖 현실적인 것들이 나를 얽매려고 하지만, 그럴 때마다 슬며시 풀어 내던져버린다. 이곳에서의 두 달은 정처 없이 떠돌아도 되는, 말 그대로 목적 없는 삶이 가능하기 때문이다. 아마 그건 이곳이 치앙마이여서, 내가 머무는 시간이 두 달이어서 가능한 일인지도 모른다.

치앙마이에서의 나는 먹고 싶을 때 먹고, 자고 싶을 때 자고, 수영하고 싶을 때 수영한다. 언뜻 '그게 뭐 대단해?'라는 생각이 들 수도 있다. 하지만 항상 어딘가에 얽매여 있던 나에게는 실로 엄청난 변화다. 한국에서의 나는 일정하게 출근해야 하는 직장이 없으면서도 남들이 버젓이 일하고 있을 대낮에 선잠이라도 청하려고 하면 살살 배가 아프면서 걱정이 됐다. 얽매임이 싫어 탈출을 감행하고도 또다시 스스로 옭아매는 것이다. 인간이란 이렇게 모순적인 존재다.

이곳에 와서 시시각각 변하는 햇빛의 색을 보며 멍하니 앉아 있으면, 종종 고양이들이 촬영을 망치듯 프레임 안으로 스윽 진입하곤 한다. 물론 그 덕에 더 훌륭한 그림이 완성될 때가 많다. 그들은 내 사정에 전혀 관심이 없다. 고양이라는 존재는 언제나 조금만 더 머물러줬으면 싶을 때 가차 없이 등을 보이며 떠나버리고, 잠시만 비켜줬으면 싶을 때 어김없이 화면 속에 등장한다. 이 얼마나 하고 싶을 때 하고, 가고 싶을 때 가버리는 제멋대로의 삶인가. 빚진 것 하나 없이 당당한 모습이다. 늘 이 세상에 큰 빚이라도 진 사람처럼 눈치를 보며 살아가는 나와는 다르다.

잠시만이라도 치앙마이 고양이의 마음으로 살 수 없을까.

끔찍한 일을 참지 않으면서 살아가는 떳떳함, 내가 꼭 하

고 싶은 것쯤은 할 수 있게 허락하는 자유, 남의 눈치로 결정하지 않는 주관. 왜 항상 남들이 바라는 모습, 남들이 시키는 삶을 살기 위해 참고 노력하고 눈물 흘렸던 걸까. 그런다고 누가 알아주지도, 예뻐해주지도 않는데. 돌이켜보면 나는 여기저기 마음을 쓰고 이제 아무것도 남지 않은 '마음 신용불량자'가 되어버린 것 같다. 정작 나에게 쓸 마음이 하나도 없는 것을 보니 말이다. 결국 하고 싶어도 하지 못하고, 가고 싶어도 가지 못하게 되었으니 나는 치앙

마이 고양이보다 못한 게 확실하다.

햇살이 뜨겁게 땅에 내리꽂히는 한낮, 일단 노트북을 짊어지고 올드시티의 거리로 나섰다. 갤러리 옆에 있는 작은 카페에 가서 글을 쓸 생각이지만 주인이 수시로 문을 닫아서 계획대로 될지 모르겠다. 차선책은 없다. 그래도 일단 나왔다. 숙소에서 글을 쓰기는 싫고, 나는 지금 어디라도 뜨거운 햇살 속을 걷고 싶으니까. 그 카페가 문을 안 열었으면 다른 데로 가면 그만이다.

무거워진 가방 탓에 한쪽 어깨가 기울어진 채 뚜벅뚜벅 골목 어딘가를 걷고 있는 내가 꼭 어제 만난 고양이처럼 느껴졌다. 꾸벅꾸벅 졸고 있다가 사람들 소리로 시끄러워지니 귀찮은 듯 골목 뒤쪽으로 자리를 옮겨버리던 은빛의 고양이. 어디로 가는지는 모르지만 그냥 가고 싶으니까 가는 것처럼 보이던 그 고양이.

세상에, 내가 고양이 같이 산다니! 이제야 좀 제대로 사는 게 틀림없다.

LIVING ROOM

하루가 행복해지는 마법

어디서든 고양이 한 마리만 만날 수 있다면 나의 하루는 온전히 행복할 텐데…

치앙마이에서는 날씨도 좋고, 옷도 가볍고, 시간도 여유롭고, 매일같이 고양이도 만나니 나는 늘 행복하다. 그렇다고 고양이가 나에게 뭘 해주는 것은 없다. 그냥 그들이 하는 행동을 기둥 뒤에 숨어서 바라보고만 있어도 행복해진다. 존재만으로 행복해진다는 것이 나에겐 고양이를 두고 하는 말인가 보다. 강아지도, 새도 마찬가지다. 그런데 간혹 큰 개가 소리를 치며 달려오거나 비둘기가 떼로 풀풀 날갯짓하며 사람을 둘러싸고 있으면 조금 무섭다. 고양이는 갑자기 달려온다거나 땅이 흔들리듯 크게 울부짖는 일은 거의 없어 심장이 약한 내가 관찰하기에 딱이다. 오래 관찰만 일삼다가 가끔 용기를 내서 다가가면 피하지 않고 곁을 내주는 경우가 간혹 있다. 그럴 때는 세상을 다 얻은 기분이다.

저기요, 이런 데서 자면 입 돌아가요.

나를 가장 설레게 하는 용모 중 하나는 일정한 결로 뒤덮인 풍성한 털이다. 보드랍고 오동통한 뒷모습은 당장이라도 달려가 끌어안고 싶게 만든다. 아무리 휘둘러도 사랑스러운 뭉툭한 네 발과 안쪽에 숨어 있는 찰떡 같은 발바닥은 심심할 때 낙서장에 그리기만 해도 기분이 좋아진다. 돌아앉은 뒤태로 호스처럼 길게 늘어진 꼬리는 또 어떠한가. 자기 의사와 상관없이 열심히 흔들리는 꼬리를 보고 있으면 나도 모르게 웃음이 배어 나온다. 무슨 시그널을 보내는 게 아니라면 꼬리는 왜 저렇게 사방으로 열심히 흔

드는 것인가?

빤히 저 멀리 지평선을 응시하는 듯한 모습은 같이 앞을 기웃거리게 만든다. 도대체 거기에 뭐가 있나 싶어서다. 고양이는 얇은 생지 반죽 같은 두 귀를 쫑긋 세운 채 한참 동안 어딘가를 응시한다. 가끔 튀어 다니는 벌레가 있을 때도, 재미있는 모양으로 흔들리는 나뭇가지가 있을 때도 있다. 그런데 대다수는 뭘 보는지 알 수 없다. 뭔지 모를 그 무언가를 몽글한 고양이와 함께 하염없이 바라보다 보면 희한하게도 시간이 사라져버린다. '난 이제 그만 가볼게' 하고 일어서는데 1시간 반이 훌쩍 지난 적도 있다.

1시간이고, 2시간이고 곁에 머물러도 고양이는 나를 평가하는 법이 없다. 그냥 자기 옆자리 한 칸을 내어줄 뿐이다. 옆에 있는 것을 귀찮아하고 성가셔한다는 것도 나의 생각일 뿐이고, 사실 고양이는 내가 다녀간 것조차 몰랐을지도 모른다. 그런데도 그 옆에 가만히 앉아 같은 곳을 바라보는 시간이 참 좋다. 서로 아무 말 없이, 누구를 평가하거나 판단하지 않고 인간과 고양이, 그렇게 둘로만 존재할 수 있는 시간 말이다.

인간과 인간이 그런 시간을 갖기란 쉽지 않다. 사람의 말 한마디보다 고양이의 옆자리 한 칸이 외롭고 갑갑한 시간에 더 큰 힘이 되었던 이유다. 언제나 나를 '인간 1'로 봐주는 그 무심한 눈빛에 나는 자꾸만 그 곁을 찾는다.

한바탕 꿈을 꾼 것인지도 모르겠다

고양이들이 나를 둘러싸는 곳에 가고 싶었다.

길에서 마주치는 우연조차 기다리기가 버거울 만큼 고양이가 보고 싶은 어느 날, 레지나 가든 게스트하우스 앤 레스토랑Regina Garden Guesthouse & Restaurant(이하 레지나 가든)을 발견했다. 핑 강 근처에서 팟타이 한 그릇을 먹기 위해 우연히 들렀던 그곳에서 운명처럼 수많은 고양이를 만났다.

레지나 가든은 게스트하우스와 레스토랑을 겸하는데, 게스트하우스는 낡지만 고풍스러움을 간직한 오래된 태국식 목조 건축물에 위치해 있다. 어두컴컴한 건물 내부에는 각종 빈티지 소품이나 가구들이 영화 세트장을 방불케 하는 느낌으로 쌓여 있다. 팔고 있는 건지 방치하고 있는 건지 알 수 없다. 고색창연한 나무 자재의 질감과 어둑어둑한 내부, 그 안을 채운 소품들 덕분에 영화 <해피투게더>의 한 장면 속으로 들어온 것 같다.

어두운 실내를 지나면 탁 트인 야외 노천 식당이 등장한다. 바로 앞에는 핑 강이 흐르고 있어서 강변을 바라보며 식사를 즐길 수 있다. 발을 들여놓는 순간부터 여기저기서 고양이가 튀어나온다. 케이지에 들어가 있는 아이들도 있고, 야외에서 마음껏 돌아다니고 있는 아이들도 있다. 어떤 사연 때문에 케이지에 갇혀 있는지 몹시 신경이 쓰였지만, 주인이 고양이를 사랑해서 만든 공간이라는 이야기에 일단 마음을 놓기로 했다. 적어도 넓게 트인 야외에서 맘껏 낮잠을 자고, 아무런 제지 없이 돌아다니고, 알아서 샘에 있는 물을 마시는 모습에서 한 생명으로서의 권리를 누리고 있다는 생각이 들었다.

득도한 도사 같은 표정으로 미동도 없이 졸고 있는 하얀 고양이, 물이 가득 찬 독을 혼자만 차지한 심술궂은 표정의 페르시안 고양이, 굴러다니는 먼지처럼 보이는 손바닥

만 한 아기 샴 고양이, 만두같이 통통한 얼굴을 하고 정중앙의 테이블을 전세라도 낸 듯 낮잠에 빠져 있는 고양이까지. 각자 할 일에 심취한 고양이들 사이에서 팟타이를 우물거렸다. 오면 안 될 곳에 불쑥 들어와버린 침입자가 된 기분이다. 뻘쭘하게 앉아서 두리번거리며 식사를 하고 있으니 명상이라도 하는 줄 알았던 하얀 고양이가 어느새 내 옆자리로 올라온다. 어딘가 영민하고 기민하게 생긴 이 하얀 고양이는 얇게 찢은 닭고기를 주어도 잘 먹지 않았다. 배가 고파서 음식 냄새를 맡고 올라왔다고 생각한 것은 순전히 나의 착각이었나 보다. 하얀 고양이는 그저 옆에 앉아서 내가 식사하는 모습을 들여다보다가, 강 너머를 응시하다가, 흙바닥에서 장난치는 다른 고양이들을 관찰했다. 왜 나와 합석을 했던 것인지는 아직도 알 수가 없다.

계산을 하기 위해 노천 식당을 지나 다시 그 어두침침한 목조 건물로 들어갔다. 직원이 엄지손톱만 한 향초 두 개를 주었다. 고양이 모양이다. 낮인지 밤인지도 알 수 없을 정도로 컴컴한 레지나 가든을 나오니 마치 꿈에서 깬 듯 새하얀 햇빛이 세상에 드리워져 있었다. 조금 전 수많은 고양이와 핑 강을 바라보던 것은 꿈이었던 걸까? 내일 다시 이곳에 온다면 레지나 가든은 사라진 채 흙먼지와 고양이 모양의 향초들만이 황량한 바닥에 뒹굴고 있을지도 모르겠다.

수많은 고양이와 대면할 수 있다는 점을 빼면 이곳에 좋은 평점을 주기가 힘들다. 음식이 나오기까지 1시간 가까이 걸렸기 때문이다. 고작 팟타이와 볶음밥 하나씩을 주문했을 뿐인데 말이다. 미안하다는 말도 없었다. 맛 또한 내가 치앙마이에서 먹은 팟타이 중 제일 별로였다. 여러 마리의 고양이들이 돌아다니며 아무 테이블 위에나 벌러덩 올라가 있으므로 위생도 썩 훌륭한 편이 아니다. 흙바닥에는 고양이 털이 털실 뭉치처럼 뭉쳐져 굴러다니고, 테이블의 찌든 때도 깨끗이 닦여 있지 않다. 그럼에도 불구하고 나는 레지나 가든을 다시 찾을 것이다. 왜냐고? 당연히 고양이 때문이지!

레지나 가든 게스트하우스 앤 레스토랑
Regina Garden Guesthouse & Restaurant
reginacollection.com
69-73 Charoenrat Road, 50000
11:00~22:00

치앙마이 고양이와 서울 고양이

일 년 가까이 밥을 챙겨주고 있는 서울의 길고양이들은 아직도 내게 곁을 주지 않는다. 가끔 아픈 곳은 없는지, 불편한 곳은 없는지 가까이 다가가 들여다보기라도 하면 사나운 송곳니를 드러내고 하악질을 시작한다. 길고양이로서 자신을 지키기 위한 본능이라고 하니 참 영리하다 싶다가도 녀석들을 꽤 오랜 시간 챙겨온 나로서는 조금, 아니 많이 섭섭하다. 더 같이 있고 싶지만 예민한 녀석들 때문에 눈물을 삼키며 잽싸게 돌아선 적이 한두 번이 아니다. 전봇대 뒤에 숨어서 녀석들이 밥 먹는 모습을 숨죽이며 지켜보고 있는 내 모습이 애잔하다.

그만큼 서울의 고양이들은 크고 작은 위험에 노출되어 있다. 남을 돌아볼 여유조차 없는 서울 사람들처럼, 서울 고양이들은 언제나 각박하다. 모든 것에 의심이 생기는 과정은 누구보다도 인간인 우리가 잘 알고 있다. 그래서인지 서울에서는 고양이를 대할 때 늘 조심스럽다. 놀라게 하는 것은 아닐까, 또 누군가가 나타나서 고양이를 보살피지

말라고 으름장을 놓는 것은 아닐까. 서울에서 나와 고양이 사이에는 언제나 불안한 긴장감 같은 것이 흘렀다. 눈빛으로 말했다. 일단 조심하자, 우리.

치앙마이의 고양이들은 잘 이완된 근육처럼 언제나 나른하다. 이들을 한참 관찰하고 있으면 어쩐지 노곤해지면서 낮잠을 자고 싶어진다. 물론 이들도 낯선 사람의 발소리가 들리거나 누군가 이유 없이 기웃거릴 때는 후다닥 사라져 버린다. 어쨌든 고양이니까. 하지만 치앙마이 고양이의 '후

다닥'은 서울 고양이의 '후다닥'과는 좀 다르다. 전자가 생존이 달린 느낌이라면, 후자는 잠시 피하고 보자는 정도다. 그만큼 치앙마이 고양이의 삶에 위협이라고는 크게 없어 보인다. 우기의 살인적인 더위가 가장 큰 위험 요소라면 위험 요소랄까.

물론 길고양이가 거리 곳곳에 많이 돌아다니고 있는 상황은 서울이나, 치앙마이나 썩 달갑지는 않다. 어찌 되었든 누군가의 손을 타던 아이들이 버려진 것임이 분명하기 때문이다. 누군가에게 유기되어 길거리를 떠돌게 된 현실은 똑같은데 어째서 그들을 대하는 태도에는 이렇게 차이가 나는 걸까. 치앙마이 사람들은 가게나 카페 귀퉁이에 유기견이나 유기묘를 위한 밥그릇과 물그릇을 놓아두는 경우가 많다. 따로 반려동물을 거두고 있는 것인가 살펴보면 그런 것도 아니다. 그저 지나가는 동물들을 위해 두는 것이다. 지구를 나눠 쓰는 생명체에 대한 당연한 애정이라고 생각하는 것 같다.

신기한 건 위협이라곤 뚜렷하게 없는 치앙마이 고양이들인데 어쩐지 생김새는 서울 고양이들보다 날렵하다는 점이다. 눈빛도 형형하고 전체적인 기운이 쨍쨍하다. 몸은 훨씬 마르고 앙상한데도 야생의 기운이 살아 있는 것처럼 느껴진다. 사람들의 지지를 한껏 받으며 살아가는 것과 야생성을 잃지 않으며 살아가는 것이 공존할 수 있다니, 어딘가 이상향처럼 들린다.

서울 고양이들은 사람들에게 철저히 외면당하면서도 야생을 제대로 누리는 것조차 부정된다. 마음껏 소속되지도, 자유롭지도 못한 모습이 꼭 서울 사람들과 닮았다. 우리 동네 구석 침침한 어딘가에 숨어 있는 고양이들을 모두 데려와 치앙마이 두달살이를 선물해주고 싶다. 그리고 얘기해줘야지. 길에서 마음껏 낮잠 자고, 원하는 만큼 풍경을 봐도 된다고. 여기서는 그 누구도 조심하지 않아도 된다고 말이다.

05

쉬엄쉬엄, 느릿느릿 거닐다

별로라고 하던데 난 좋았어

치앙마이에 오기 전 살아야 할 동네를 고를 때 님만해민을 당연히 1순위로 두었다. 가장 번화한 동네라고도 했고, 세련되면서 트렌디한 가게들은 도보로 이용 가능할 정도로 접근성이 좋다고 했기 때문이다. 처음 생각과는 조금 다르게 님만해민, 창클란, 올드시티까지 다양한 동네를 떠돌며 살게 됐지만, 첫 지역으로 선택한 곳은 역시 님만해민이었다. 하지만 두 달을 보내고 돌이켜보면 제일 마음에 들었던 지역은 올드시티다.

올드시티는 치앙마이에 도착하기 전에는 조금 걱정이 됐던 것이 사실이다. 다녀온 사람들의 후기가 썩 좋지 않았기 때문이다. 구시가지에 해당하는 만큼 님만해민보다는 훨씬 낙후됐고 후줄근한 분위기가 강하다는 이야기가 많았다. 길에는 들쥐가 자주 출몰하며 식당이나 카페들은 대부분 꼬질꼬질하고 정돈되어 있지 않다고 했다. 그렇게 말하는 사람들 대부분은 님만해민을 찬양했다. 님만해민은 쾌적하고 매끈하며 가게들이 모두 새 건물이라 깨끗하다

는 것이 이유였다. 올드시티에 머무는 동안 '빨리 이번 주가 지나고 님만해민으로 다시 이동했으면 좋겠다'고 말하는 사람도 있었다. 직접 가보기 전에 이런 이야기부터 접하게 되니 올드시티에 식사하러 들르는 것조차 두려워지기 시작했다.

하지만 님만해민에서 지내며 처음 들러본 올드시티는 내가 걱정하던 것과는 전혀 달랐다. 오히려 자유롭고 다채로운 분위기가 느껴져서 님만해민보다 더 이국적이고 치앙마이스럽다는 느낌을 받았다. 해가 지고 어두워지자 어둠을 희미하게 밝히는 올드시티의 빈티지한 조명들이 거리를 채웠다. 언제나 쨍쨍하고 새하얀 느낌의 님만해민과는 사뭇 달랐다. 님만해민이 명랑한 한낮의 태양 같은 느낌이라면, 올드시티는 오랜 사연을 무수히 간직하고 있는 밤의 달 같다. 나에게는 어딘가 여지를 남겨두고 있는 듯한 올드시티가 훨씬 매력적이었다. 궁금한 마음을 오래 간직하기 위해서였는지, 공교롭게도 올드시티에서 머무는 기간은 치앙마이 두달살이의 마지막 일주일이었다.

마지막 주를 보낸 올드시티는 예상보다 더 사랑스러운 동네였다. 자꾸만 헷갈려서 '올드시티'를 '올드타운'이라고 말하곤 했는데, 생각해보면 어쩐지 올드타운이 더 어울리는 소박한 동네다. 단순한 이름도 참 좋고, 그 이름에 어울리는 고색창연함과 명분 있어 보이는 낡음 역시 좋았다.

불현듯 치앙마이에 오기 전 다른 사람들의 말만 듣고 올드 시티를 숙박 지역에서 제외해버리는 불찰을 범했으면 얼마나 아쉬웠을까 하는 생각이 든다. 님만해민이나 다른 지역에서만 머물렀어도 치앙마이에서의 기억은 그 나름대로 행복했겠지만, '뭐든 내가 직접 해보고 판단하자'는 마음을 먹기까지는 또 오랜 시간이 걸렸을지 모른다.

'별로라고 해서 안 갔어'보다는 '별로라고 하던데 난 좋았어'가 훨씬 멋있다.

치앙마이에 오기 전 사전 정보를 수집할 때 포털 사이트에 '치앙마이' 네 글자만 쳐도 쏟아져 나오는 후기에 아연실색했다. 타이핑 몇 번으로 얻는 정보는 소수의 소유물이 아닐뿐더러 탄탄한 신용을 기반으로 하는 것도 아님을 다시 한 번 깨닫는 순간이었다. 손가락을 몇 번 왔다 갔다 하는 것만으로도 얻을 수 있는 것이 정보인지라, 요즘은 너도나도 실패를 무릅쓰고 경험할 의지가 없어 보인다. 멀리서 찾을 것 없이 내가 그랬다. 실패해서 왔던 길을 되돌아가야 한다는 것 자체가 인생의 불리함으로 느껴졌다.

치앙마이에서는 실패에 대한 두려움이 덜하다. 왔던 길을

Art on the cup
#สนุกก่อนดื่ม, ภาพประทับใจ
บนเครื่องดื่มสุดโปรดของคุณ
เสิร์ฟที่ร้านจริณแล้วค่ะ
ห้ามจอด
วันคี่

CHARIN
หยุด
ห้ามจอด
วันคี่
BED

되돌아가는 것조차 낭만으로 느껴져서일 것이다. 급하게 오느라 보지 못했던 사랑스럽고 소소한 가게가, 늘어진 만큼 넉넉하게 드리워진 덩굴의 그림자가, 대문 밑으로 살짝 삐져나온 강아지의 주둥이가 소중한 순간을 장식했다. 선택의 갈림길을 마주할 때마다 '2월의 올드시티'를 떠올려야겠다고 다짐했다.

그 시절, 좋아했던 밴드부 오빠들

올드시티의 더 노스 게이트 재즈 코-옵The North Gate Jazz Co-Op(이하 노스 게이트)은 치앙마이의 대표 재즈바 중 한 곳이다. 한국 블로거들 사이에서 이미 유명하니 당연한 것이겠지만 그럼에도 놀랄 만큼 한국인이 많았다. 눈이 마주치는 순간 알 수 있었다.

앗, 너도 한국인이로구나!

본격적인 공연은 8시부터였으나 대략 7시부터 다들 모여 있었던 건지 좋은 자리는 대부분 꽉 차 있었다. 노스 게이트는 정말 말 그대로 '후리'하기 짝이 없는 스타일이다. 외관은 흡사 영화 <김종욱 찾기>에서 본 인도 게스트하우스 같았다. 내부 역시 마찬가지다. 어디서 바퀴벌레가 나타나도 이상하지 않을 것 같은 분위기였다. 하지만 그런 빈티지함과 히피스러움이 이곳의 매력임에는 틀림없다.

밴드의 실력이 출중한 편은 아니니 크게 기대하지는 말라

는 경고를 하도 많이 들었던지라 마음을 비우고 갔다. 마이타이(럼을 베이스로 한 트로피컬 칵테일) 한 잔을 주문하고 8시 공연을 기다렸다. 사람들이 들어가기를 망설이고 있는 2층의 쪽방으로 들어가 자리를 잡았더니 세상에나! 이곳이 아주 명당이다. 밴드가 공연하는 모습이 바로 아래로 내려다 보여서 감상하기에 아주 훌륭했다. 어쩐지 엉덩이 붙이기 찜찜하던 방바닥도 어둠 속에서 용기를 얻으니 가부좌 틀고 앉아 한몸이 되기에 적격이었다.

공연은 생각한 것보다 훨씬 좋았다.

주로 아델의 <Rolling In the Deep> 같은 유명 팝송들을 편곡해서 연주했는데, 아마추어 밴드 느낌의 음악을 듣고 있으니 어쩐지 중고등학교 시절 밴드부 오빠들이 떠올랐다. 타지에서, 졸업한 지 십수 년이 흐른 지금, 그때 그 시

절 밴드부 오빠들이 소환되다니. 아련하고 조금은 뭉클한 것이, 기분이 묘했다. 이게 다 중앙에서 열정적으로 스틱을 휘두르던 드러머 때문이다. 괜히 나까지 단전에서부터 무언가 열정 비슷한 것이 끓어오르는 느낌이었다. 자신의 연주에 취해서 한껏 신나하며 웃고, 얼굴을 찡그리고, 가쁜 숨을 몰아쉬며 무아지경이 된 모습을 보니 그리운 시간이 주마등처럼 스쳐 지나갔다. 항상 남의 열정을 부러워하던 20대 초반의 내가 떠오르기도 했고, 대단한 아티스트라도 된 양 작은 것에 감동하고 흥분하던 그 시절의 나와 친구들이 되살아나기도 했다.

노스 게이트는 저마다의 패기 넘치던 과거와 향수를 불러일으키게 하는 곳이 아닐까. 조금은 흐트러져서 마음 가는 대로 생각에 잠길 자유를 허락하고자 할 때 올드시티의 노스 게이트를 방문해보는 것은 어떨까.

더 노스 게이트 재즈 코-옵 The North Gate Jazz Co-Op
www.facebook.com/northgate.jazzcoop
91/1-2 Si Phum Road, 50200
19:00~24:00

떠오르는 예술가들의 아지트

오늘은 오래 앉아 글을 써볼 요량으로 태국 디자인 센터Thai Creative Design Center(이하 TCDC)에 세 번째로 방문했다. 이곳은 내가 치앙마이에서 가장 애정을 갖게 된 공간 중 하나다. 나는 글을 쓰거나 일을 할 때 집에 틀어박혀 하는 것보다 탁 트인 공간에서 여유를 즐기며 하는 편이 더 집중이 잘된다. 그 공간이 너무 시끄럽거나 북적이지 않는다면 더욱 좋다.

치앙마이에는 많은 카페가 있지만 핫하다는 곳들은 대부분 시끄럽다. 너도나도 즐기는 곳인 만큼 조용히 해주길 바라는 것도 웃기는 노릇이다. 너무 인테리어에 치중한 트렌디한 곳들은 노트북을 들고 가서 오래 엉덩이 붙이고 있으면 여간 눈치보이는 것이 아니다. 그런 의미에서 TCDC는 오랜 시간 작업하기에 최적의 장소다. 올드시티에서 조금 벗어난 핑 강 근처에 있는데, 위치는 조금 생뚱맞지만 그 덕분에 '저기가 디자인 센터로군' 하고 한눈에 알아볼 수 있다.

태국 디자인 센터라고 부르기엔 조금 작은 것 아닌가 생각했는데 알고 보니 방콕이 원조다. TCDC는 태국 정부에서 국가 차원으로 디자인을 진흥시키기 위해 만들어졌다. 취지에 걸맞게 방콕의 TCDC는 실제로 3D 프린팅, 각종 레이저 프린팅 등의 기술을 제공하기도 하며, 가죽이나 옷감, 특수 재료 등의 질감을 체험해볼 수 있는 공간도 마련돼 있다. 미래도시를 방불케 하는 최첨단의 디자인 도서관은 방대한 데이터베이스와 발 빠르게 업데이트한 자료들을 소장하고 있다. 태국 정부의 야심에 부응하듯, 방콕을 넘어 전 세계의 디자인학도들이 이곳 TCDC를 주목하며 찾고 있으니 효과를 톡톡히 보는 것이 아닌가 싶다.

치앙마이의 TCDC는 방콕에 비하면 무척 소박하다. 일단 센터의 규모 자체가 훨씬 작고, 전시장 역시 하나밖에 없다. 그렇다고 어설프게 지어진 건축물은 절대 아니다. 치앙마이에 어울리는 모던함과 간결함으로 더하지도, 덜하지도 않게 지어진 느낌이라 알맞다.

1층에는 작은 전시장이 마련돼 있고, 정원에는 야외 카페가 자리한다. 도서관은 전시장 옆으로 계단을 올라가면 2층에 있다. 나는 도서관에 앉아 본격적으로 글을 쓰거나 작업을 하는데, 전초전 느낌으로 항상 1층 카페를 먼저 찾는다. TCDC의 매력 중 하나인 이 카페는 이렇다 할 인테리어도, 눈길을 사로잡는 데코레이션의 음료도 없지만 왠지 자꾸 가고 싶어지는 공간이다. 앉아 있으면 그렇게 마음이 편할 수가 없다. 이곳에 들르지 않고 바로 2층 도서관으로 올라가버리는 몹쓸 짓은 차마 용납되지 않는다. TCDC에 오는 이유 중 8할은 1층 카페에 있다. 천장은 덮여 있지만 양쪽은 뚫려 있어 야외에 앉아 있는 것이나 다름없다. 생각해보니 천장이 덮여 있어서 비가 오는 날도 아주 운치가 있을 것 같다. 우거진 열대식물이 잘 관리되고 있는 정원은 아니지만 깔끔한 잔디와 푸르른 나무들이 어우러져서 '이 정도면 좋다'는 담백함이 있다.

대략 단체 테이블 한 개, 작은 테이블 서너 개 가 놓인 크지 않은 카페는 학생들이 견학을 오지만 않는다면 비교적 조용한 분위기다. 내가 이곳을 처음 방문했을 때는 치앙마이 대학교 학생들로 보이는 친구들이 스무 명 정도 견학을 와 있어서 조금 소란스러웠다. 그때는 그들을 지켜보는 재미에 시끄러운 줄도 몰랐지만. 평소에는 카페 손님들 대부분이 노트북으로 협업을 하거나 자기 작업에 열중하고 있다. 이곳에 앉아 차를 마시며 훈풍에 흔들리는 나뭇잎들을 넋 놓고 보고 있으면 보호색을 하고 나무 위를 재빠르게 오르는 징족(태국에서 흔하게 보이는 귀여운 사이즈의 도마뱀)을 보기도 하고, 어떤 날은 이곳의 주인이라도 되는 양 여기저기를 활보하고 다니는 까만 고양이를 만나기도 한다.

2층의 도서관은 제법 삼엄한 경비 아래 입장을 하게 된다. 도서관을 이용하려면 여권을 꼭 지참해야 한다. 일일 이용자는 여권을 보여줘야 이용 카드를 발급받을 수 있다. 큰 소지품은 입구의 사물함에 보관하고, 센터에서 제공하는 투명 가방에 노트나 펜 등의 간단한 소지품을 담아서 입장한다. 베이지색 유니폼을 입은 가드 아저씨가 굳건하게 지키고 있어서 어쩐지 긴장이 된다. 하지만 내가 입구와 출구를 헷갈릴 때마다 상냥한 미소를 지으며 버선발로 데려다주어서 또 한 번 쓸데없이 긴장했구나 생각했다. 이곳은 도서관인만큼 사방이 고요하다. 발자국 소리, 기침 소리 내기도 민망할 정도다. 들리는 소리라고는 웅웅거리는 에어컨 소음뿐이다. 냉방이 강한 편이라 항상 봄, 가을용 카

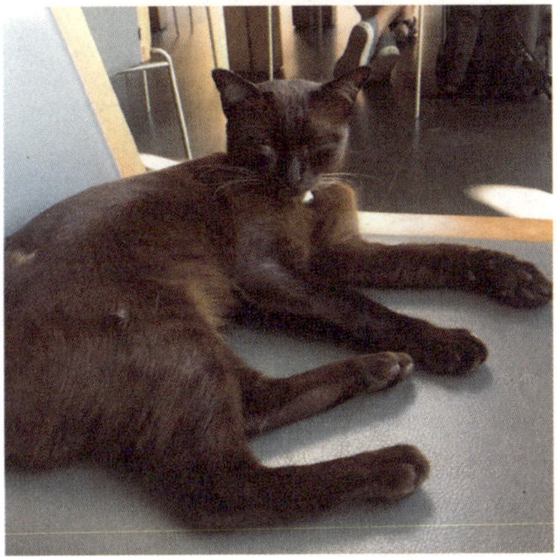

디건을 챙겨갔다. 한여름에 냉방이 빵빵한 실내에서 도톰한 옷을 둘둘 말고 있는 기분이란 은근히 근사하다.

명색이 디자인 센터답게 도서관에는 예술 및 디자인 관련 원서가 제법 많다. 작업 중에 머릿속이 꼬이면 슬그머니 일어나 서가로 간다. 흥미로워 보이는 책들이 가지런히 꽂혀 있다. 예술 전공자들이라면 절대로 그냥 지나칠 수 없을 것이다. 서적마다 실려 있는 사진의 퀄리티도 훌륭하다. 그렇게 공부하라고 할 때는 귓등으로 듣더니 이제 와 영어 공부가 하고 싶어진다. 내 인생은 이렇게 늘 뒷북 인생이다.

책도 읽고 글도 쓰고 하다 보면 어느새 4시간이 훌쩍 지난다. 방구석에 앉아 4시간을 꼼짝없이 보내는 건 좀이 쑤시는데. 이곳이 나랑 궁합이 좋긴 좋구나 싶다. 여기만 오면 망한 글이든 좋은 글이든 글도 잔뜩 써서 싣고 간다. 들어올 때, 나갈 때 공평하게 기분이 좋은 곳이다.

TCDC 치앙마이 TCDC Chiang Mai
tcdc.or.th/chiangmai
1/1 Muang Samut Road, 50300
10:30~18:00, 월요일 휴무

마이이암 컨템포러리 아트 뮤지엄

MAIIAM Contemporary Art Museum

치앙마이를 대표하는 현대 미술관 중 하나로 2016년 개관했다. 거울 조각으로 꾸며진 외벽부터 시선을 끈다. 모던하고 감각적으로 디자인된 내부로 들어서면 다채로운 작품들을 만날 수 있다. 단, 아주 한적한 싼캄팽 근처의 외곽 지역에 위치해 있어 접근성이 좋은 편은 아니다. 입장료는 성인 150밧, 학생 100밧, 12세 이하는 무료.

maiiam.com
122 Moo 7 Tonpao, 50130
10:00~18:00, 화요일 휴무

치앙마이 대학교 아트 센터

Chiang Mai University Art Center

아주 많은 작품을 보유하고 있지는 않지만 초록색 정원과 곳곳에 전시되어 있는 조형물, 설치 작품들을 만나는 재미가 쏠쏠하다. 거닐다 보면 학생들이 작업하는 공간도 살짝 엿볼 수 있다. 학기가 끝날 무렵 찾아가면 더 많은 작품을 만날 수 있다. 페이스북 페이지로 전시 일정을 미리 확인하고 가는 것이 좋다. 입장료는 무료.

www.facebook.com/CMUartcenter
239 Huay Kaew Road, 50200
09:00~17:00, 월요일 휴무

치앙마이 국립박물관 Chiang Mai National Museum

란나 왕조의 미술 양식과 태국의 예술사를 알고 싶다면 한 번쯤 들러보면 좋다. 관련 유물과 유적, 기록, 예술품이 6개의 전시관에 나뉘어 보관돼 있다. 규모는 작지만 전시 내용이 알차며, 관람객이 적어 여유롭고 쾌적하게 전시 관람이 가능하다. 입장료는 성인 100밧.

finearts.go.th/chiangmaimuseum
451 Moo 2, Super Highway(Chiang Mai-Lampang Road), 50000
09:00~16:00, 월요일과 화요일 휴무

반캉왓 Baan Kang Wat 예술인 마을

젊은 예술가들이 모여서 만든 협동조합 개념의 공동체 마을로 치앙마이 교외인 왓우몽Wat Umong 지역에 위치해 있다. 전시장이랄 것은 마땅히 없지만, 곳곳에 수공예품 스튜디오 및 공방, 작은 갤러리, 작업실 겸 숍들이 가득하다. 매주 일요일에는 플리마켓도 열린다.

www.facebook.com/Baankangwat
123/1 Moo 5 Tambon Su Thep, 50200
10:00~18:00, 월요일 휴무

갤러리 시스케이프 Gallery Seescape

치앙마이 대학교 출신 태국 유명 아티스트 똘랍 헌Torlarp Hern이 마련한 갤러리 겸 아트숍 겸 카페다. 헌의 대표작인 베스토 보이Bestto Boy 시리즈는 물론, 해외 아티스트들과 치앙마이 예술가들의 실험적인 예술 전시를 감상할 수 있다. 2019년 올해로 10주년을 맞이했다.

www.facebook.com/Galleryseescape
22/1 Nimmanhemin Road Soi 17, 50200
08:00~20:00, 월요일 휴무

아침 시장, 일요일 시장, 야시장

태국은 시장이 많이 열리는 나라다. 치앙마이도 마찬가지다. 더운 날씨 탓에 해가 진 후에 본격적인 활동을 시작하는지라 야시장이 특히 많다. 치앙마이에 머물면서 시장이란 시장은 종류별로 다 들러봤다. 사실 워낙 번잡하고 시끄러운 것을 싫어해 시장은 한 곳만으로도 충분하다고 생각했었는데, 치앙마이까지 와서 현지 시장을 한 군데만 가보는 건 어쩐지 아쉬웠다. 결과적으로는 참 잘한 일이었다. 시장만큼 그 나라의 색깔을 제대로 보여주는 곳은 없으니까.

처음 들른 시장은 나나 정글 마켓Nana Jungle Market이라고 하는 토요일 아침 시장이다. 토요일 오전 6시부터 열기 시작해서 11시 즈음이면 모두 파한다. 나나 정글 마켓은 시내에서 조금 벗어난 외곽의 한 숲에서 열린다. 동네 근린공원 분위기가 느껴진다면 잘 찾아간 것이다. 대나무가 울창한 철제 대문을 지나 들어가보면 국수를 말아주는 가판도 있고, 오렌지나 레몬을 착즙해 파는 주스 가게도 있다. 하지만 나나 정글 마켓의 진짜 주인공은 따로 있다. 바로 나나 베이커리Nana Bakery다. 나나 베이커리의 주인인 부부가 빵 시장을 열면서 나나 정글 마켓이 시작되었다고 하니, 이 베이커리가 나나 정글 마켓의 창시자인 셈이다.

10시가 넘어 도착했더니 빵이라고는 남아 있는 것이 거의 없었다. 크루아상이나 바게트, 브리오슈 같은 전통 프랑스식 빵을 먹으려고 간 건데, 과일 잼이 잔뜩 든 파이나 슈크림빵 같은 것밖에 남지 않았다. 하지만 누굴 탓할 수도 없다. 게으른 내 탓이니까. 알고 보니 나나 베이커리는 오전 7시 30분 오픈을 맞추기 위해 사람들이 7시부터 와서 번호표를 받고 기다리는 맛집이었다. 귀하고 맛있는 빵은 그렇게 준비된 자들만의 것이다.

마침 베이커리 옆에서 메추리알 위에 새우를 얹어 파는 아저씨를 만날 수 있었다. 계란빵 굽는 동그란 틀에 메추리알을 톡 깨어 넣고 그 위에 알새우 하나씩을 얹어서 굽고 있었다. 6개에 50밧. 기호에 따라 위에 케첩이나 머스터드 소스를 뿌려도 된다. 나나 베이커리 앞에서 무료로 나눠주는 아메리카노와 새우 얹은 메추리알 6개는 정말 꿀맛이었다.

시장이 파하는 시각이 되자 사람들이 하나둘 그랩을 잡기

나나 베이커리 전경.
정글 마켓이라는 이름답게 사방이 초록으로 울창하다.

여섯 개에 50밧의
새우 계란빵을
구워주는 아저씨
(계란빵에 너무 집중한
나머지 아저씨 얼굴을
자르고 말았다.)

시작했다. 올 때는 쉬웠는데 갈 때는 도통 그랩 잡기가 힘들다. 나도 간신히 잡았다. 이런저런 불편함을 감수하고 간다면 토요일 아침 숲속에서 열리는 나나 정글 마켓은 분명 매력적인 장소다.

치앙마이의 대표 야시장은 일요일 오후에 올드시티에서 열리는 선데이 마켓Sunday Market과 창클란 지역에서 열리는 나이트 바자Night Bazaar가 쌍두마차다. 선데이 마켓은 일요일에만 열리고, 나이트 바자는 상시 운영된다. 돔 형식의 나이트 바자는 천장이 가려진 실내에도 가판들이 끝없이 있어서 확실히 덜 정신없다.

선데이 마켓은 일요일 하루만 열려서인지 숨쉬기도 힘들

정도다. 사람들이 일렬로 서서 길을 가로막고 있는데, 대략 10초에 한 걸음씩 뗀다고 보면 된다. 한곳에 너무 오래 서 있다 보니 나중에는 가판에 진열된 물건의 순서를 외우게 된다. 그럼에도 기억에 남는 순간이 있다. 치앙마이는 어디를 가나 사원이 꼭 붙어 있는데, 선데이 마켓 내에도 역시 작은 사원이 있다. 그 앞에서 로띠도 팔고, 팟타이도 팔고, 꼬치도 판다. 부처님 앞인데 고기 굽고 해물 볶는 연기가 자욱하니 참 아이러니하다. 숨 막히는 사람 행렬을 뚫고 나와 조금 높이 위치해 있는 사원에 올랐다. 거기서 바라보던 해질녘의 부드러운 노을과 정신없이 돌아가는 야시장 풍경이 무척이나 이질적으로 느껴졌다. 시끌시끌한 시장터의 소음과 매캐한 숯불 연기, 그 뒤로 고요하게 앉아 모든 것을 내려다보는 부처님의 자태. 저 멀리 속세를 떠나 숲속에 홀로 근엄하게 자리한 우리네 부처님들과 달리 사람 사는 곳에 내려와 함께 생을 살아가는 치앙마이 부처님은 어쩐지 더 친근하다.

매일 열리는 나이트 바자는 선데이 마켓처럼 일렬종대를 하지 않아도 된다. 마침 창클란에 머물던 시기가 있어서 그때 두 번이나 들렀다. 원래 시장에서 잡다한 것을 사는 스타일이 아닌지라 늘 구경만 했었는데, 이곳에서는 자그마한 것들을 몇 가지 사기도 했다. 징족이라는 도마뱀 인형과 발이나 얼굴을 마사지하는 나무로 만든 괄사, 코끼리가 새겨진 알루미늄 책갈피다. 다시 봐도 쓸데없지만 무릇 야시장에서는 이런 무용한 것들을 사야 하는 법이다.

나의 조사에 따르면 나이트 바자는 다른 야시장들보다 흥정이 활성화되어 있다. 그래서인지 실제로 많은 손님과 상인이 장난기 넘치는 얼굴로 가격을 흥정하는 광경을 자주 목격할 수 있었다. 나는 한국에서도 좀처럼 흥정 같은 것을 잘 못하는 성격이기에 여기서도 역시 부르는 대로 값을 치렀다. 다시 찾은 마사지용 괄사 가게 주인이 처음과 같은 값을 불렀을 때는 조금 감동하기도 했다. 그 집에서 더 많이 사올 걸 그랬다. 나이트 바자를 따라 쭉 걷다 보면 아누싼 야시장Anusarn market이라고 하는 실내 시장이 나오는데, 나이트 바자의 일부다. 천장이 돔으로 덮여 있어서 반 실내라는 것이 다르긴 하지만 늘어놓고 파는 물건들은 똑같다. 그래도 확실히 구경하기가 훨씬 편했다.

어디선가 끝내주는 헤비메탈 라이브가 들려온다. 락 스피릿이 가득한 라이브 카페에서 밴드가 공연하는 소리다. 젊은 시절 못다 핀 로커의 꿈을 실현하기라도 하듯 열정 넘치는 공연이 인상적이었다. 카페와 식당도 여럿 입점해 있는데 하나같이 개성이 뚜렷해 주인이 어떤 사람인지가 고스란히 느껴졌다. 마켓이 끝나는 지점에는 씨푸드 레스토랑도 있다. 로컬스러운 분위기가 참 마음에 들었다. 다음

선데이 마켓에서 바라보는 야시장 풍경

에 다시 들러볼까 하고 구글 평점을 검색해봤는데 평이 영형편없어서 놀랐다.

치앙마이에 머무는 동안 시장에서 맘에 쏙 드는 물건을 사지는 못했다. 하지만 나는 치앙마이에 다시 와도 시장을 찾을 것이다. 숲속에서 열리는 아침 시장에서 연못을 바라보며 커피 한 잔을 마시기 위해, 일요일 시장의 노을 지는 사원에서 분주한 풍경을 하염없이 바라보기 위해, 야시장을 정처 없이 걷다가 아마추어 락 밴드의 헤비메탈 공연에 잠시 멈춰 서기 위해.

나나 정글 마켓 Nana Jungle Market
nana-bakery-chiang-mai.com
Rural Road Chiang Mai 4307 끝 골목, 50300
매주 토요일 06:00~11:00

선데이 마켓 Sunday Night Market
Rachadamnoen Road, 50200
매주 일요일 17:00~22:00

나이트 바자 Night Bazaar
Changklan Road, Loi Kroh Road, 50100
17:00~23:00

치앙마이 쇼핑 리스트

나는 해외를 나갈 때마다 '~에서 꼭 사야 할 쇼핑 리스트' 같은 것들은 참고하지 않는 편이다. 그 나라에서만 꼭 사야 할 만한 물건이라는 것을 잘 못 느끼는 편이기도 하고, 필요한 물건은 1, 2만 원 손해를 보더라도 그냥 한국에서 사는 것이 편하다.

치앙마이에서는 제법 오랜 시간을 머물러서인지 이것저것 산 것이 꽤 많다. 사고 보니 '치앙마이에서 꼭 사와야 하는 아이템 베스트 5'에 올라가 있는 경우도 있고, 일부러 필수 쇼핑 리스트를 참고해서 산 물건도 있다.

올드시티 부근에 와로롯 마켓Warorot Market이 있다. 우리나라 남대문 시장 같은 곳이다. 별의별 물건이 다 있으니 아마 여기에 없으면 다른 곳에도 없을 것이다. 와로롯 마켓으로 가는 길에 라탄 전문점 네다섯 군데가 붙어 있는데, 이곳에서 파는 라탄 가방들이 아주 저렴하고 예쁘다. 치앙마이에 머무는 동안 두 번을 들렀는데 들를 때마다 제품

엄마와 동생에게 똑같은 것으로 사다주겠다고
큰소리쳤지만, 다시 갔을 때는 이 가방만 없었다.

구성이 조금씩 달라졌다. 처음 봤을 때 예쁜 물건은 다음을 기약하지 말고 바로 사야 한다.

로컬 화장품 매장과 과일 노점, 속옷 노점 등이 두서없이 섞여 있는 구간을 지나, 실내로 들어가면 그야말로 진풍경이 펼쳐진다. 그리 환하지 않은 침침한 실내에 수많은 가게가 늘어서 있는데, 그 모습이 어딘가 미로를 연상케 했다. 1층부터 3층까지 규모가 제법 커서 하루에 다 돌아볼 생각을 하면 진이 쏙 빠진다. 1층에서는 레몬그라스나 라임잎, 샤프란, 팔각 같은 말린 향신료나 레몬즙을 넣으면 보랏빛으로 변하는 버터플라이피 차, 말린 장미차나 국화차 등의 꽃차를 판매한다. 한국에서 구하는 것보다 훨씬 저렴하고 양도 많아서 평소 관심이 있다면 사오는 것을 추천한다.

한국인들에게 인기 있는 법랑 도시락 매장들도 들러볼 만하다. 캐리어에 여유가 있다면 사와도 좋겠다. 색깔 조합을 본인이 직접 할 수 있어서 고르는 재미가 쏠쏠하다. 근처에 나무로 만든 그릇이나 식기 같은 것들을 파는 매장도 있다. 평소 플레이팅에 관심이 많거나 카페의 브런치 플레이트를 집에서 재현해보고 싶은 사람들에게 추천한다. 가격이 너무 저렴해서 아무것도 안 사고 지나치기가 어렵다.

좀 더 다양한 나무 제품들을 사고 싶다면 근교에 있는 목공예 마을 반타와이Bann Tawai에 들러보자. 걸터앉기 좋은 자그마한 의자부터 시계, 액자, 거울 등등 나무로 만들 수 있는 모든 제품을 판매한다. 전부 핸드메이드라서 에스닉하고 빈티지한 치앙마이 느낌이 제대로 난다. 꼭 구매하지 않더라도 호젓한 외곽에서 여유롭게 나무 제품들을 구경하며 한나절을 보내고 오기에도 참 좋다.

편의점이나 쇼핑몰 대형 마트, 드럭스토어도 빼놓지 말 것. 태국 음식을 좋아하면 마트나 편의점에서 파는 태국식

페이스트나 똠얌꿍 라면을 사오자. 똠양꿍 라면의 경우 마마Mama 제품이 맛있고, 코코넛 밀크가 추가되지 않은 기본 맛이 가장 좋다. 한국에서 치앙마이 향수병이 찾아왔을 때 고수를 듬뿍 넣고 먹어주면 어느 정도 병세가 호전된다.

길거리 로띠를 좋아하는 사람이라면 티팟이나 카네이션 Carnation 사의 연유를 사와 도전해보자. 꼭 로띠가 아니더라도 프렌치 토스트나 팬케이크에 듬뿍 뿌려 먹으면 중독

되는 것은 시간문제다. 간편한 튜브형 꿀도 추천한다. 태국은 사시사철 더운 나라라 항상 꽃이 지천이고 천연 꿀도 아주 흔하다. 우리나라의 비싼 꿀과 비교해도 맛이 뒤지지 않는다.

화장품 중에는 썬실크Sunsilk 사의 헤어팩이나 컨디셔너가 쓸 만하다. 수질이 썩 좋지 않은 태국에는 머릿결을 부드럽게 만드는 제품들이 저렴한 가격에 상당히 잘 나와 있다. 하지만 계면활성제나 화학 제품에 반감을 갖는 사람이라면 굳이 사갈 필요는 없다. 나는 특유의 강력한 향이 좋아서 섬유유연제와 세제를 몇 가지 사왔다. 한국 여성들에게 인기 있는 폰즈Ponds BB 파우더나 레틴에이Retin-A 크림 등도 한국보다 훨씬 저렴한 가격에 구매할 수 있다. 모기에 물렸을 때 바르는 잠벅Zambuk 연고나 향수처럼 은은한 모기 기피제 스프레이(장미향이 가장 무난하다)는 한국의 여름에 유용하다.

치앙마이에서 구매할 만한 하이엔드 브랜드 제품은 딱히 없다. 굳이 꼽자면 한HARNN과 탄THANN 같은 스파 브랜드 제품 정도? 센트럴 페스티벌에 입점한 짐 톰슨Jim Thompson의 각종 실크 제품들도 좋다. 방콕에는 짐 톰슨 아울렛을 비롯해 매장이 여기저기에 많지만, 치앙마이에는 아쉽게도 센트럴 페스티벌밖에 없다.

이 정도의 쇼핑 리스트라면 한국에 돌아가서 크게 후회할 일은 없을 것이다. 개인적인 견해로는 치앙마이에서는 내구성이나 가치를 따져서 하는 쇼핑보다 소모할 수 있으면서 가성비가 좋은 것, 태국의 느낌이 물씬 나는 에스닉한 것들을 사오는 것이 바람직하다.

와로롯 마켓 Warorot Market
warorosmarket.com
90 Wichayanon Road, 50300
05:00~18:00

반타와이 목공예 마을 Bann Tawai Woodcarving Village
ban-tawai.com
90 Moo 2 Baan Tawai, Khun Khong, 50230
09:00~17:00

님만해민의 랜드마크 '마야 라이프스타일 쇼핑센터 MAYA Lifestyle Shopping Center'

님만해민에서 가장 접근성이 좋은 쇼핑몰로 다양한 로컬 브랜드와 해외 유명 브랜드가 입점해 있다. 총 6층으로 구성돼 있으며 1~2층은 의류, 3층은 은행과 통신사, 4층은 푸드코트다. 지하에 있는 림삥 슈퍼마켓Rimping Supermarket이 특히 인기가 많다. 5층에는 24시간 운영하는 코워킹 스페이스 캠프CAMP가 위치해 있어 각국의 디지털 노마드들이 자주 찾는다.

mayashoppingcenter.com
55 Huay Kaew Road, 50300
평일 11:00~22:00 주말 10:00~22:00

오랜 역사를 자랑하는 '깟쑤언깨우 Kad Suan Kaew'

치앙마이에서 가장 오래된 쇼핑몰이다. 건물은 다소 낡았지만 저렴한 가격대의 상품이 많아 현지인들에게 인기가 많다. 지하에 위치한 탑스 마켓Tops Market에서 태국 식재료를 구입할 수 있고, 마사지숍이나 푸드코트 같은 다양한 편의시설을 이용할 수 있다. 매주 목, 금, 토요일에는 깟수언깨우 앞 광장에서 작은 야시장이 열리기도 한다.

store.central.co.th
21 Huay Kaew Road, 50200
평일 11:00~21:00 주말 10:00~21:00

치앙마이 최대 쇼핑몰 '센트럴 페스티벌 Central Festival'

태국 전역에 체인을 두고 있는 센트럴 페스티벌의 치앙마이 지점이다. 태국 북부에서 규모가 가장 크다. 총 300여 개가 넘는 매장이 들어와 있으며, 지하 1층에는 푸드홀Food Hall이라는 대형 마트가, 5층에는 영화관이 있다. 다소 외곽에 위치해 있지만 무료 셔틀이 시내 중심 곳곳으로 운행한다.

centralfestival.co.th
999/9, Moo 4, Super Highway Road, 50000
평일 11:00~21:30 주말 10:00~22:00

공항 근처에 위치한 '센트럴 에어포트 CentralPlaza Chiangmai Airport'

치앙마이 공항에서 도보 15분 거리에 위치해 있다. 로빈슨Robinson 백화점과 붙어 있어 멀지 않은 거리에서 다채로운 쇼핑을 즐길 수 있다. 오래되어 시설이 훌륭한 편은 아니지만 나름의 레트로한 분위기가 있다.

centralplaza.co.th
252-252/1 Mahidol Road, 50100
평일 11:00~21:00, 주말 10:00~21:00

란나 왕국을 품은 '깟 파랑 빌리지 Kad Farang Village'

항동에 위치한 이곳은 대단한 쇼핑 스팟은 아니다. 하지만 란나 스타일의 스타벅스 하나만으로도 찾아갈 이유가 충분하다. 고대 란나 왕국의 고풍스러운 장식이 고스란히 녹아 있는 건물 앞에서 인증샷은 필수!

kadfarangvillage.com
13 Moo 13 Chiangmai-Hod Road, Tambon Baan Waen, 50230
07:00~20:00, 일요일 휴무

근교로 한번 나가볼까?

치앙마이에서 두 달을 살며 좋은 점은 자유롭게 근교까지 나가볼 수 있다는 점이다. 아무래도 시간적 여유가 많다 보니 하루 일정이 빡빡하지 않다. 하루에 한 곳만 다녀온 게 전부라 해도 '시간을 너무 허투루 보냈나' 하는 걱정이 전혀 없다.

초록의 도시 치앙마이도 님만해민이나 올드시티 같은 번화가는 상상하는 것처럼 초목이 울창하게 우거져 있지 않다. 물론 더운 나라인지라 어딜 가든 야자수와 관엽 식물들이 푸릇푸릇 솟아 있지만, 며칠 있다 보면 더 빽빽하고 무성한 열대 정원은 어디 없을까 하는 마음이 스멀스멀 올라온다. 그럴 때 반수안Baan Suan이나 후웨이텅타오Huai Tueng Thao 같은 근교로 나들이를 떠나면 딱이다.

반수안은 리조트도 있고 사원도 있는 치앙마이 근교 지역이다. 나는 물이 흐르는 냇가를 끼고 있는 반수안 카페Baan-Suan-Ka-Fe를 찾아갔다. 마치 양평 산자락의 어느 계곡

치앙마이에서 인기 있는
4색 잼을 곁들인 토스트로
반수안 카페에서도 판매 중이다.
옅은 보라색의 타로맛 잼이
특히 맛있다.

에 와 있는 것 같았다. 주말 낮에는 나들이 온 가족 단위 현지인들로 인산인해를 이룬다고 한다. 평일 낮에 갔는데도 손님이 제법 많은 걸 보니 과연 명소가 맞구나 싶었다.

한국에서는 거들떠보지도 않는 계곡 유원지를 치앙마이에서 와 있다니, 참 별일이다. 우리나라에서는 계곡 평상에 자리를 잡으려면 자릿세를 내고도 6만 원씩 하는 백숙이나 닭볶음탕, 3만 원짜리 해물파전을 시켜야 하는 흉흉한 물가 때문에 근교 유원지는 잘 가지 않는 편이다. 그러고도 북적이는 피서객들로 계곡물 속 한 자리 차지하기도 쉽지 않다. 반수안 카페는 가격도 적당했거니와 맛도 좋고, 바로 물가에 앉아 여유롭게 숲을 바라보며 쉴 수 있어서 좋았다. 게다가 근교에 위치해 있지만 찾아가기가 생각보다 어렵지 않았다. 치앙마이에서 그랩 잡기란 식은 죽 먹기이기 때문이다. 어디서든 부르기만 하면 그랩 기사들은 5분 안에 도착했다. 치앙마이 전역에 거미줄처럼 촘촘하게 연결되어 있는 것 같다. 가격도 정찰제라 실랑이하거나 흥정하지 않아도 되고, 이동하는 동안 말 한마디 섞을 일도 없다. 그랩 택시는 치앙마이 두달살이의 반 이상을 책임졌다고 해도 과언이 아니다.

후웨이텅타오 역시 치앙마이 현지인들이 즐겨 찾는 유원지 중 하나다. 청평호나 산정호수처럼 호수를 보며 밥 먹고 오리배 타고 유유자적 놀며 쉬는 곳이다. 조금 특이한 점은 호수를 가운데에 두고 둘레에 100여 개는 될 법한 방갈로들이 쭉 자리하고 있다는 점이다. 한 업장당 대략 20~30개의 방갈로를 책임지며, 안으로 들어갈수록 방갈로의 주인과 음식점이 바뀐다. 모양은 전부 똑같다. 나는 방갈로에서 내다보이는 뷰를 보고 선택했다. 주변에 전부 현지인들밖에 없어서 '이런데도 다 와 보는구나' 하는 생각이 들었다. 수영 가능 지역이라고 쓰여 있었지만 그다지 뛰어들고 싶은 물색은 아니었다. 태국의 강이나 호수는 석회질이 많이 섞여 있어서 전체적으로 뿌옇다. 그래도 멀리 산과 함께 내다보는 호수의 풍경은 속이 탁 트였다.

건기의 치앙마이 날씨는 진정 축복이다. 그늘만 잘 찾으면 산들바람이 솔솔 불어와 전혀 덥지가 않다. 나무로 엮어 만든 방갈로 바닥에 벌러덩 드러누워 빈둥거리니 이렇게 속 편하고 행복해도 되나 싶다. 손님들이 던져주는 음식에 익숙해진 개가 주변을 어슬렁거리더니 가증스러울 정도로 불쌍한 표정으로 빤히 쳐다본다. 무시무시한 들개 떼처럼 흉측하게 울부짖지 않는다. 사는 법을 터득한 것이다. 아주 순하고 착하게 음식을 던져주기만을 초롱초롱한 눈망울로 기다린다. 태국은 불교 국가인데다가 승려가 개로 환생했다는 설을 믿는 사람들이 아직도 많아서 개에게 밥으로 공양하는 것을 큰 덕으로 여긴다. 물론 시대가

후웨이텅타오에서는
필연적으로 한량이 되고 만다.

변하면서 개는 그냥 개일 뿐이라고 생각하는 사람도 많다. 따라서 모두가 다 그렇다고 믿으면 곤란하다. 하지만 적어도 우리나라보다는 많은 사람이 개를 공생하는 친구로 여기고, 여유가 허락하면 밥도 꾸준히 챙겨준다. 이런 이유가 아니어도 나는 충분히 동물만 보면 들이대고 보는 스타일이라 기다렸다는 듯 생선 살과 쌀밥을 개에게 내어줬다. 역시 밥은 주는 사람만 준다는 진리를 개들도 터득했나 보다. 손님은 다른 방갈로에도 많은데 내 방갈로 앞만 떠나지 않고 죽치고 있는 걸 보니 말이다. 심지어 맛집으로 소문났는지 다른 개까지 데리고 오는 통에 한동안은 눈을 안 마주치려고 고생했다.

반수안 카페 Baan-Suan-Ka-Fe
170 Moo 3 Mae Hia, 50200
08:00~17:00

후웨이텅타오 Huai Tueng Thao
huaytuengthao.com
Don Kaeo, 50180
07:00~18:00

지긋지긋한 미세먼지

치앙마이에 온 지 어느덧 한 달하고도 일주일이 흘렀다. 그 사이 2월에 접어들었고, 치앙마이의 대기 상태가 부쩍 나빠졌다. 분명 도착했을 때만 해도 눈을 뜨면 창문 너머 새파란 하늘이 가득 했는데 최근 들어서는 텁텁한 느낌이 든다. 가시거리도 뿌연 것이 어쩐지 느낌이 쎄하다. 먼발치로 또렷이 보이던 왓프라탓 도이수텝Wat Phrathat Doi Suthep(이곳을 가보지 않았으면 치앙마이를 논하지 말라는 말이 있을 정도로 치앙마이의 상징으로 꼽히는 사원)이 서서히 보이지 않기 시작하더니 드디어 자취를 감췄다.

미세먼지다.

마른하늘에 날벼락도 아니고. 미세먼지가 여기까지 나를 쫓아올 줄이야. 알고 보니 치앙마이에서 미세먼지가 가장 심한 시기는 2월 중순에서 3월, 길게는 4월까지다. 한 해 농사 시작 전에 화전을 경작하기 위해 치앙마이 전역에서 태우는 초목 때문에 이 시기의 미세먼지가 세계 순위를 웃도는 수준이라고 한다. 미세먼지 어플을 켜서 비교해보니 과연 수치가 서울과 맞먹는다. 교통수단의 배기가스도 무시할 수 없다. 길에서 자주 볼 수 있는 치앙마이의 다인승 택시 성태우는 대부분 오래된 차들을 개조한 것이고, 그렇다 보니 눈에 보일 만큼 새까만 매연을 몰고 다닌다. 직접 보면 경악할 만한 수준이다. 오토바이 택시인 툭툭도 마찬가지다.

남 일 같지가 않아서 마음이 좋지 않다. 초미세먼지가 매우 나쁨 수치를 훨씬 넘어 최고 기록을 경신해가고 있는 날에도 치앙마이 사람들은 여전히 길에서 과일을 깎아 팔고, 야시장을 연다. 대부분 이러한 상황을 아무렇지 않게 받아들이는 것 같다. 이들이 조금 더 현실의 심각성을 깨닫고 불만과 반발심을 가지기를 바라는 마음이다. 무엇보다 국가와 기업 차원에서 해결하기 위해 노력해야 한다. 그렇지 않으면 애먼 국민들만 숨 쉴 권리를 빼앗기게 될 것이다. 다행히도 방콕에서는 여러 시민단체나 환경단체가 결성되어 태국의 환경문제와 자연보호에 대해 적극적인 논의를 펼치고 있다고 한다. 느리지만 조금씩 변해가고 있는 모습을 보니 태국을, 치앙마이를 사랑하는 한 명의 외국인으로서는 상당히 마음이 놓인다.

하지만 그건 그거고. 지금 치앙마이의 미세먼지와 싸워야

하는 나는 어쩌란 말인가? 갑자기 우울해졌다. 어차피 한국에 돌아가서 평생 마스크를 끼고 살아야 할지도 모른다. 여기서까지 맞닥뜨릴 필요가 있을까. 돌아갈 날도 며칠 남지 않았는데 말이다. 미세먼지를 피해 옴짝달싹 못하고 실내에만 있어야 한다니 좀 억울했다. 본의 아니게 대기가 너무 안 좋은 며칠은 센트럴 페스티벌과 센트럴 에어포트, 마야몰 등 치앙마이 내의 쇼핑몰 투어를 연이어 했다. 푸릇푸릇한 식물들이 가득한 야외 카페와 레스토랑을 눈앞에 두고도 가질 못하니 서럽기가 이루 말할 수 없었다.

나 이제 곧 서울로 돌아가야 한다고!

치앙마이로 한달살이를 하러 오는 사람들은 대부분 여유로운 생활 환경과 신선하고 맑은 날씨를 고대할 것이다. 그 꿈같은 기대를 한순간에 악몽으로 만들지 않으려면 공기가 나쁜 2월이나 3월은 피하는 것이 현명하다. 미세먼지 때문에 한 달을 통째로 날려버리는 것은 '한국살이'로 족하기 때문이다.

-

참고로 3~5월은 굉장히 덥고, 6~10월은 우기다. 따라서 날씨가 선선하고 건기인 11~2월 초가 여행하기 최고의 시기라고 할 수 있다.

지금 이 순간,
있는 그대로
살기

06

마주해야 하는 것은 언제나 나

사는 곳이 어디든, 인생이란 나 자신하고의 끝없는 '다툼'이 아닐까.

'싸움'이라기엔 거창하고 언제나 아옹다옹하는 '다툼', 이 단어가 딱이다. 나에게 '나'는 참 아기 같다. 항상 어르고 달래야 하기 때문이다. 어렸을 때는 그걸 몰라서 많이도 다그치고 몰아세웠다. 그러면 언제나 '나'는 어린아이처럼 반항했다. 내가 외면하고 몰아세울수록 비뚤어져버리고 마는 것이다. 나이를 먹고 나서는 스스로 잘 달래고 타이르게 됐지만, 그렇게 되기까지 붙잡고 앉아 운 적도 많다. 지금도 나와 '나'는 영원한 애증의 관계다.

치앙마이에 온 지 정확히 한 달이 지나고부터 슬슬 이 생활이 익숙해지기 시작했다. 익숙함이라는 것은 언제나 권태를 몰고 온다. 오늘은 그냥 집에서 뒹굴거리고 쉴까 싶기도 했고, 라면 사다 놓은 것으로 대충 끼니를 때워버릴까 싶기도 했다. '두 달인데 하루 정도야 아무렴 어때' 하다

가 불현듯 정신을 차리고 보니 정말 이틀 동안 멍하니 보낸 적도 있다. 새로운 풍경을 찾으러 가방을 둘러매고 거리로 나서지도 않았고, 노트북을 꺼내 앉아 글을 쓰지도 않았다. 아 이건 정말 누구보다 내가 잘 안다. '하루 정도는 어때'가 '평생'이 된다는 걸.

일단 밖으로 나가야 한다. 뭐라도 해야 한다. 세상 밖으로 나가지 않으면 아무 일도 일어나지 않는다. 은근한 미풍에 흔들려 보석처럼 반짝이는 잎새도, 노을 지는 하늘 아래로 새까맣게 날아가는 새떼도 볼 수 없다. 아늑하고 안전해서, 그게 너무 편해서 한 발짝도 나가지 않던 시절. 그 시절이 생각난다. 그때 나는 '난 원래 그래. 난 원래 느려. 난 원래 멈춰 있는 것을 좋아해'라고 합리화하며 세상을 등졌다. 그래서 늘 평온하다 못해 적막했고, 매일매일이 안정적이다 못해 멈춰 있는 듯 똑같았다. 내 몸 구석구석에 새겨진 오랜 흔적들을 따라 나는 또 예측이 가능하던 그 나날들로 돌아가려고 했나 보다.

걱정하지 마. 집밖을 나선다고 해도, 오늘은 가장 멋있는 하루가 될 거야.

그렇게 나를 달래며 가방을 이고 문밖으로 나왔다. 뜨거운 정오의 햇살 속으로 걸어 들어가며 바닥에 떨어진 나뭇잎들을 셌다. 마지막으로 헤아린 열세 번째 나뭇잎이 살랑 날아와 납작한 슬리퍼를 신은 내 발가락 끝에 스쳤다. 햇빛이 남아 있는 듯한 보송한 느낌이 좋다. 역시 나오길 잘했다.

한참을 걸어 엊그제 봐두었던 대로변의 카페로 간다. 노트북은 무겁고 목 뒤로는 땀이 흐른다. 오랜만에 흘려보는 땀이다. 목 뒤는 축축하고, 뺨은 뜨겁다 못해 바짝 말랐다.

못견디게 덥다가 만나는 에어컨 냉기 가득한 카페를 좋아한다. 잠시 후 맛볼 산뜻함을 생각하며 조금 더 걸었다. 해가 제일 잘 드는 창가 쪽 자리에 앉아 노트북을 열고 글을 쓰기 시작했다.

눈 앞의 풍경이 1시간, 2시간, 4시간, 다시금 익숙해지고 한 번 붙은 엉덩이가 원래 제자리인 듯 잠잠해졌다. 이렇게 치앙마이에 와서도 나는 '나'를 달래며 살고 있다. 싫어도 한번 해볼까, 우리? 귀찮아도 한번 가볼까, 우리?

인생을 자연스럽게, 여유롭게 잘 살아가기 위해서는 타고난 성정에 한 치의 '거스름'을 추가하면 된다. 당연하다고 생각되는 것, 나라면 꼭 그래야만 하는 것, 못하겠다고 생각되는 것을 한 번쯤은 거슬러보자. 그 생경함에 차근차근 적응해나가다 보면 어느새 그것이 또 다른 내가 될 것이다. 그럼 그 모습의 나로 다시 자연스럽게 살면 된다.

매일 로띠를 만든다는 것

간밤에 로띠가 먹고 싶어서 굳이 멀리까지 로띠를 사러 나섰다. 며칠 전 재즈바에 갔다가 나오는 길에 우연히 로띠 할머니를 만났다. 로띠를 만들어주는 행상이라면 숙소 앞에도 제법 많은데, 나는 그 할머니가 만들어주는 로띠를 먹기 위해 20분 가까이 걸어갔다.

로띠 할머니는 1968년부터 매일같이 로띠를 만들고 있다고 했다. 무려 50년이다. 그렇게 오랜 세월 거리에서 로띠를 구워 팔았다면 참 고단한 삶이 아니었을까 싶은데 표정도 밝고 피부도 곱다. 웃는 모습이 나보다 훨씬 자연스럽고 아름다웠다. 무엇보다 로띠를 만들어온 세월을 이야기할 때 눈에서 빛이 났다.

"내가 치앙마이에서 제일 먼저 로띠를 구웠지. 아주 오래됐어."

할머니가 로띠를 만드는 모습을 보면서 사실 질문을 하고

싶었다.

"매일 로띠를 만드는 건 힘들지 않나요?"

입가가 옴짝달싹했지만 마침 로띠가 완성된 탓에, 그리고 내가 우유부단한 탓에 묻지 못했다. "고마워요, 또 올게요"가 전부였다. 숙소로 걸어오는 길 내내 할머니에게 하려던 질문이 머릿속을 맴돌았다. 매일 로띠를 만드는 건 힘들지 않나요? 힘들지 않나요? 힘들지 않나요? 그 질문 하나에 많은 의미가 내포되어 있었다. 다른 일을 하고 싶지는 않았나요? 계속 로띠만 만들어도 만족할 수 있었나요? 그럼 다른 건요? 다른 삶은요?

이건 결국 내가 나에게 하는 질문이었다. 나는 늘 그랬다. 힘들지 않을까? 참고 지나면 나중엔 즐거울까? 그럼 그때는 좀 나아지나? 그러면 진짜 행복해질 수 있겠지? 내 질문에는 늘 현재가 없다. 더 나은 삶이 뭐길래 언제나 그토록 찾아다녔던 걸까.

치앙마이 사람들은 내가 본 어떤 사람들보다 현재를 산다. 그래서 언제나 맑고 가볍다. 그랩 택시를 타면 좋아하는 노래를 틀고 흥얼거리며 운전하는 기사들을 자주 만난다. 신기하게 음악 선곡이 하나같이 탁월하다. 들으면 기분이 좋아지는 음악을 본능적으로 안다고 해야 하나. 이 얼마나 자기 기분에 충실한 사람들인가. 며칠 전에는 익숙한 한국 음악이 끝없이 흘러나오길래 아는 체를 했더니, "한국인이었어? K-POP 너무 좋아. 늘 운전할 때 듣고 있어. 기분이 좋아져"라며 좋아하는 한국 가수를 쭉 읊어대기도 했다. 하루하루 좋아하는 가수의 노래를 들으며 운전을 한다는 것, 내가 생각한 것보다 즐거운 일인지도 모른다.

치앙마이에서 지낼수록 꽉 잡고 있던 것들이 하나둘씩 비워진다. 놓고 보면 왜 그렇게 움켜쥐고 힘들다고, 놓칠 것 같다고 울며불며 살아왔는지 모르겠다. 내 것도 아닌데. 지금 잡는다고 평생 가질 수 있는 것도 아닌데. 희한하게도 붙잡고 있던 것을 살짝 놓고 나니 내가 가지고 있던 것들이 선명하게 보인다. 치앙마이에 온 이후로 내가 가진 많은 것이 보이기 시작했다. 다양한 곳을 들여다보고, 다양한 사람들을 스친다는 것은 항상 이렇게 다시 한 번 돌아볼 기회를 준다. 조금만 멀리 떨어져보면 내가 그동안 집에서, 서울에서, 한국에서 옳고 그르다고 믿고 판단했던 것들이 얼마나 좁고 작았는지 여실히 깨닫게 된다.

나는 누구보다 지금 이 순간을 있는 그대로 살고 싶었던 것 같다. 그래서 자꾸 새로운 곳을 찾아 떠나나 보다. 현지인도, 이방인도 아닌 모호한 경계에서 생활의 흔적을 피해가면서. 만약 그러지 않았다면 지금처럼 고고하고 철학적으로 깨닫고 있을 여유는 없었을지도 모른다.

당신은 어떤 시간에 있나요?

사람에게는 저마다의 때가 있다고 생각한다. 안 되는 것은 절대 안 되던 나도 이제는 안 되는 것이 가끔 되기도 한다. 그렇게 되기까지 참 많은 시간이 걸렸다고 하기에는 너무 거창하고, 마침 그때가 내가 그런 사람이 될 수 있는 시기였던 것 같다. 주변에서는 좀 일찍 깨닫지 그랬냐고 한다. 자고로 30대에는 회사에서 인정받으며 승진을 해야 하고, 결혼해야 하며, 아이를 낳고 육아해야 하고, 집도 사고 재테크도 하며 미래를 계획하느라 눈코 뜰 새 없이 바빠야 하는 거라고.

그런데 꼭 그래야만 할까?

자신의 의지대로 해야 할 일을 하나씩 이루며 삶을 사는 사람들은 훌륭하고 존경스럽다. 결코 쉬운 길이 아니기 때문이다. 하지만 모두가 똑같은 삶을 살아야 하는 사회는 조금 무섭다. 한 도시에 사는 사람들의 삶이 이토록 비슷하다는 것은 그들의 이야기도 저마다 비슷하다는 것이 아

닐까? 생김새가 다르고, 성격이 다른데 어떻게 사는 이야기가 전부 똑같을 수 있을까?

나는 서른한 살이라는 적지도 많지도 않은 나이를 먹었지만 사람들이 부러워할 어떤 것도 가지지 못했고, 그 나이에 되어야 하는 무엇도 되지 못했다. 하지만 불안해하지 않기로 했다. 지금 나는 나의 시계, 나의 순서에 맞는 책장을 지나가는 중이기 때문이다.

치앙마이에 있으면서 나라는 책의 한 페이지, 한 페이지를 꼼꼼하고 소중하게, 내가 원하는 구절만 반복해서 읽을 수 있어서 참 좋았다. 치앙마이는 나답게 산다는 것이 무엇인지를 두 달 동안 하루도 빠짐없이 나에게 알려주었다.

치앙마이 젊은이들 집결하는 바 '매드 MAD'

치앙마이에 오래 머무르며 가장 희열을 느끼는 순간 중 하나는 관광객들이 잘 모르는 현지인들의 핫플레이스를 만나게 될 때다. 어제 알게 된 매드MAD 역시 그렇다. 하늘이 탁 트인 넓은 야외바 안에는 20대 초중반으로 보이는 젊은 친구들이 가득했다. 외국인이라고는 백인 남성 세 명뿐이었다. 태국은 사계절 따뜻한 나라여서 야외바가 참 많다. 그중에서도 라이브 음악을 들을 수 있는 바나 펍이 많다는 것은 특히 감사한 일이다. 재즈바도, 아마추어 밴드가 공연을 하는 라이브바도 어디든 반갑다.

소주가 익숙한 우리나라와 달리 태국은 마실 수 있는 술의 종류가 맥주, 칵테일 정도가 전부라(간혹 인원이 많으면 태국의 위스키인 샘송samsong이나 홍통hongtong을 마시는 경우가 있지만 자주 보진 못 했다) 고성방가나 주사를 부리는 취객이 잘 없다. 술과 음악을 즐기며 신나게 놀다가도 자정이 되면 건전하게 귀가하는 모습이 인상적이었다. 우리나라 같으면 새벽 2시는 되어야 본격적으로 놀기 시작할 텐데.

매드는 나름 합리적인 가격대에 밝고 힙한 분위기라 근처 치앙마이 대학교에 재학 중인 학생들과 20대 젊은이들이 많이 찾는다. 무엇보다 밴드의 퀄리티가 기대 이상으로 훌륭하다. 입구에서부터 깜짝 놀랐다. 밤 9시 30분 무렵부터 문을 닫는 12시까지 두 팀의 공연이 진행됐는데 보컬의 목소리가 내 귀를 사로잡았다. 두 보컬 모두 음색이 너무 매력적이고 독특해서 한참을 노래에 취했더랬다. 음습하게 막혀 있지 않고 좌우 양쪽, 위까지

뻥 뚫려 있는 탁 트인 공간과 시원한 맥주, 가벼운 안주까지 모든 것이 완벽했다.

한국에서 이름만 대면 한 번쯤 들어봤을 법한 치앙마이의 바나 펍이 많지만 매드야말로 진정 치앙마이스러운 바가 아닐까 싶다. 장담하건대 일단 발을 들이면 떠나기 전까지 몇 번이고 다시 찾게 될 것이다.

매드 치앙마이 MAD CHIANGMAI
www.facebook.com/MADChiangmai1988
231/12 1004, Tambon Chang Phueak, 50200
18:00~24:00

집밥이 그리울 때 찾는 일식당
'모미지 Momiji'

올드시티에서 소박하고 따스한 집밥이 먹고 싶다면 타패게이트 건너 골목 안쪽에 숨어 있는 일식당 모미지Momiji를 추천한다. 해가 낌새도 없이 자취를 감춰버린 늦은 저녁 처음 이곳을 찾았다. 가는 길이 미로 같은데다가 어두컴컴해서 공사장 컨테이너 밑으로 고양이가 불쑥 등장했을 때는 그만 자지러지게 놀라고 말았다. 물론 골목마다 리조트며 가게들이 하나씩 자리하고 있어서 걱정되거나 무서운 것은 전혀 없다. 하지만 환한 대낮에 가면 더 쉽게 찾을 수 있을 것 같다.

　문을 열고 들어서면 깜찍하지만 도통 명분이 없는 피카츄 동상이 가장 먼저 반겨준다. 공통점이라고는 일본 태생이라는 것 하나뿐인 말도 안 되는 인테리어지만 치앙마이라는 이유로 마냥 귀엽고 용서가 된다. 가게 안에는 중년의 부부로 보이는 남성 한 명과 여성 한 명이 있다. 여성은 일본인처럼 보이는 태국인이었는데, 남성의 국적은 파악하지 못했다. 일본인 남편일 수도 있을 것 같다.

메뉴판을 보니 간단하게 먹을 수 있는 일본 음식을 판매하고 있었다. 햄버그스테이크와 온소바를 시켰다. 다른 일식당과 비교해 엄청 훌륭하고 잊을 수 없을 정도의 맛은 아니었다. 하지만 엄마가 해준 것 같은 단순하고 정직한 맛은 오랜 외식으로 지친 내 위장에 큰 위로가 되었다. 온소바에 곁들이기 위해 시킨 모둠 튀김이 특히 그랬다. 하얀 살이 통통한 생선튀김을 담백한 온소바와 함께 입에 넣으니 따뜻한 물에 몸을 담근 듯 하루의 피로가 사라졌다. 굳이 멀리서 차를 타고 올 필요는 없지만 올드시티에 머물 때 한 번쯤 들르면 좋을 것 같다. 운이 좋으면 건너편 세탁소의 새침데기 하얀 고양이를 만날 수도 있다.

모미지 Momiji
19/4 Kampang Din Road Soi 1, 50100
11:00~22:00

역대급 그리너리 식당
'카오마오카오팡Khaomao Khaofang'

치앙마이 하면 대표적으로 떠오르는 이미지가 있다. 바로 그리너리Greenery다. 실제로 치앙마이에서는 카페나 레스토랑, 미술관, 도서관 등 어딜 가든 녹음이 우거진 정원과 왕성한 생명력을 자랑하는 식물을 만날 수 있다. 그중 딱 한 군데만 고르라고 한다면 나는 카오마오카오팡Khaomao Khaofang이다.

이름부터 너무 재미있는 카오마오카오팡은 님만해민에서 택시를 타고 15분~20분 정도 걸리는 외곽에 위치해 있다. 님만해민이나 올드시티 같은 도심과는 부지부터 차원이 다르다. 흡사 정글 테마파크를 연상케 한다. 놀이공원의 사파리나 새 공원 입장 전에 본 풍경이다. 꼼꼼한 관리가 생명인 곳인지라 싱싱한 꽃과 식물이 입구부터 흐드러지게 피어 있다.

엄밀히 따지면 자연 그대로의 분위기와는 살짝 거리가 있다. 워낙 크고 웅장한데다가 살짝 동물원스러워서 인위적인 느낌이 나는 것은 어쩔 수 없다. 자연스러운 청량함을 기대했다면 조금 당황할 수도 있을 것 같다. 하지만 열대 지역 특유의 강렬함과 한국에서는 상상도 못할 규모의 그리너리 식당이라는 사실만으

로도 충분히 와볼 만하다. 실제로 외국인들이 패키지 투어에서 많이 찾는 곳이라고 한다.

워낙 넓고 자리가 많아서 웬만하면 대기 없이 착석할 수 있다. 단, 명당으로 소문난 연못 주변의 테이블에 앉고 싶다면 오픈 시간에 맞춰 방문하거나 사전에 예약하는 것이 좋다.

카오마오카오팡 Khaomao Khaofang
khaomaokhaofang.com
181 Moo 7, Ratchapruek Road, 50230
11:00~15:00, 17:00~21:30

럭셔리 애프터눈 티를 즐길 수 있는 티룸
'카오 바이 포시즌스 KHAO by Four Seasons'

언제부턴가 사람들이 동남아시아 여행을 가면 애프터눈 티After-noon Tea를 흔하게 찾는다. 애프터눈 티의 유래는 영국 귀족에서 시작된다. 영국의 공작부인들이 점심과 저녁 사이에 홍차와 함께 다양한 다과를 차려두고 즐기던 것이 오늘날까지 이어졌다. 홍콩과 싱가포르는 영국 식민지 시절 애프터눈 티 문화가 들어오면서 발달하게 됐다.

태국은 영국의 지배를 받은 적도 없고, 자체적으로 티Tea 문화가 발달하지도 않았지만, 19세기부터 영국과의 교류가 활발했으니 자연스럽게 이러한 문화에 익숙해진 것이 아닌가 싶다. 어쩐지 태국에 왔으니 애프터눈 티를 우아하게 즐겨보고 싶어진다. 시내나 핑 강 주변으로 가격대가 훌륭한 티룸이 많다. 5성급 호텔이나 리조트에서 고급스러운 애프터눈 티를 즐기는 호사를 누리고 싶다면 카오 바이 포시즌스KHAO by Four Seasons를 방문해보자.

이곳은 매림이라는 멀고 먼 근교 지역에 위치해 있다. 그랩 택시를 잡아타면 비용이 상당하다. 님만해민의 마야몰에서 셔

틀버스를 타고 들어가는 것을 추천한다. 셔틀버스 예약은 포시즌스 홈페이지에서 카오 예약 시 메일로 함께 신청하면 된다(사전 예약 필수).

가는 길은 멀고 험하지만 치앙마이 전통 농경지 형식으로 꾸며 놓은 정원에서 숲속의 별장에 머무는 듯한 한적함과 여유로움을 느낄 수 있다. 한국인이 거의 없다는 것도 장점이라면 장점. 사실 가격대만 놓고 보면(2인 1,900밧, 한화로는 7만 원 정도다) '굳이 치앙마이까지 가서?'라는 생각이 들 수도 있다. 하지만 한 번쯤은 가슴이 뻥 뚫리는 시원한 풍경과 열대 지방 특유의 휴양지스러움을 제대로 만끽하는 것도 좋을 것 같다. 긴 인생에서 가끔은 경험을 위한 사치가 또 하나의 경험을 연결해주는 법이니까.

카오 바이 포시즌스 KHAO by Four Seasons
fourseasons.com/chiangmai
502, Moo 1, Mae Rim-Samoeng Old Road, 50180
07:00~22:00

BREAD
Brasserie

MINI BAGUETTE
WHOL WHEAT

빵집 불모지 님만해민의 숨은 빵집
'브레드 브라스리 Bread Brasserie'

카페 천국 님만해민에서도 의외로 찾기 힘든 곳이 있으니, 바로 빵집이다. 디저트 전문점 말고 그냥 빵집 말이다. 단기 여행이라면 몰라도 한 달 이상 머물게 되니 식빵이나 간식거리 사러 들를 동네 빵집이 간절해졌다. 희한하게도 여기 사람들은 로띠나 버터치즈 토스트같이 달달한 간식만 먹는지 평범한 동네 빵집이 쉽사리 보이질 않는다.

하지만 빵집 불모지 님만해민에도 한 줄기 빛과 같은 빵집이 하나 있다. 이름마저 심플한 브레드 브라스리Bread Brasserie. 브레드 브라스리는 님만해민의 대표 콘도인 더 님마나The Nimmana 1층에 위치한다. 체인점인지는 모르겠으나 이곳은 님만지점이라고 표기되어 있다.

브레드 브라스리의 빵들은 꾸밈이 없다. 동네 빵집에서 보던 투박한 비주얼의 빵들이 정갈하게 진열되어 있다. 치앙마이의 달콤한 디저트에 혀가 얼얼하다면 이곳의 바게트나 견과류 식빵으로 정신을 차려보는 것도 좋겠다. 물론 초딩 입맛을 위한 소시지 빵이나 햄치즈 파이 같은 달콤 짭조름한 빵도 준비돼 있다. 바로 옆에는 작은 카페가 붙어 있어서 커피를 사러 멀리 갈 필요가 없다는 점 또한 이 빵집의 장점이다.

브레드 브라스리 Bread Brasserie
breadbrasserie.com
Soi 6, Nimmana Haeminda Road, 50200
07:00~19:00

우아하게 한 끼 써는 양식당
'가리발디스 브라스리 Garibaldi's Brasserie'

가리발디스 브라스리Garibaldi's Brasserie는 이름에서 알 수 있듯 이탈리안 셰프가 운영하는 정통 이탈리안 레스토랑이다. 바로 옆에는 레옹 드 님만Leon de Nimman이라는 프렌치 레스토랑이 영업 중이다. 둘이 사이좋게 붙어 있는 모습이 참 재밌다. 한국인들에게 별로 알려지지는 않았지만 레옹 드 님만도 음식맛이 훌륭하다. 오리 가슴살 요리가 아주 맛있다.

님만해민 골목에 자리한 이곳은 태국의 여느 양식당들이 그렇듯 별로 손님이 없다. 여행객들은 대부분 태국 전통 음식점을 찾기 때문이다. 맞은편에 있는 카오 소이 님만Kao Soy Nimman만 보더라도 알 수 있다. 오픈 시간인 오전 11시부터 줄을 서는데, 덕분에 가리발디스 브라스리를 찾는 것도 그리 어렵지 않을 것이다.

가리발디스 브라스리는 웬만하면 점심에 방문하는 것이 좋다. 점심 코스가 300밧 후반대인데, 샐러드와 안티파스티, 메인 스테이크(심지어 소고기다!), 디저트까지 나오니 말도 안 되는 구성이다. 양도 정말 많다. 스테이크야 언제 먹어도 맛있지만, 이 집은 샐러드와 후식이 특히 맛있다. 싱싱한 채소를 과하지도, 모자라지도 않게 내어준다. 디저트는 티라미수와 아이스크림 중에 고를 수 있다. 나는 아이스크림을 선택했다. 각종 과일을 작은 크기로 썰어 아이스크림 위에 올려주는데, 바닐라맛 아이스크림과 상큼한 과일의 조화가 입안을 즐겁게 했다. 맛과 서비스, 분위기까지 모든 것이 훌륭한 이곳의 내 별점은 3개 반.

가리발디스 브라스리 Garibaldi's Brasserie
www.facebook.com/garibaldisbrasserie
20/2 Soi Nimmana Haeminda Road 7, 50200
10:30~14:00, 17:00~22:00

올드시티의 신비로운 세계를 품은 갤러리 레스토랑
'더 페이시스 갤러리 앤 가스트로 바
THE FACES Gallery & Gastro Bar'

나는 어딜 가서든 분위기를 상당히 높게 평가한다. 감각이 예민한 편이라서 그런 것 같다. 치앙마이에 와서 따지게 되는 분위기라면 역시 탁 트이고, 식물이 있으며, 지극히 태국스러운 에스닉함이다. 더 페이시스 갤러리 앤 가스트로 바THE FACES Gallery & Gastro Bar는 이 세 가지를 모두 만족시킨 곳이다. 이곳 역시 한국인들이 아주 즐겨 찾는 곳은 아니다. 뭐, 한국인들의 발길이 전혀 뻗치지 않은 곳이 어디 있겠냐만은 그래도 여기는 비교적 괜찮다. 아직은.
더 페이시스 갤러리 앤 가스트로 바는 올드시티의 다소 생뚱맞은 골목 사이에 위치한다. 오픈 시각은 오후 1시지만 기왕이면 분위기상 해가 지고 어두워진 늦은 오후에 가는 것을 추천한다. (물론 낮에 가더라도 훌륭하다!) 입구부터 신비한 고대의 유적지 같은 느낌이 충만하다. 유적지를 발굴하다가 '입구를 찾았다!' 하고 소리쳐야 할 것만 같다.

내부도 보통이 아니다. 태국식 불교화가 부조로 장식되어 있

고, 불상이나 코끼리상이 여기저기 놓여 있어서 오리엔탈 특유의 분위기가 물씬 풍긴다. 하늘에서 흐드러지게 내려오는 양치식물과 덩굴들도 신비로움을 배가한다. 굳이 낮과 밤을 비교하자면 낮은 열대 우림에 들어와 잠깐 쉬었다 가는 느낌이고, 밤은 <인디애나 존스: 코끼리 왕국의 마지막 왕좌>라도 찍어야 할 것 같은 느낌이다. 보랏빛과 붉은빛 조명이 한데 어우러져서 흡사 '미지의 아편굴'에 잠입하는 기분도 드니 나처럼 분위기를 따지는 사람이라면 무조건 들를 것.

더 페이시스 갤러리 앤 가스트로 바 THE FACES Gallery & Gastro Bar
www.facebook.com/thefaceschiangmai
33 Soi 2 Prapokklao Road, 50200
13:00~22:00

치앙마이 두달살이 프로젝트는 여건상 은퇴한 중장년층이나 방학을 맞은 대학생, 이직을 준비하는 직장인, 공간과 시간에 제약이 없는 프리랜서, 아이와 함께 지내려는 엄마들이 계획을 세우는 경우가 많다.

은퇴한 중장년(또는 건강한 노년까지)은 치앙마이 두달살이를 적극적으로 추천한다. 한국보다 훨씬 저렴한 물가는 말할 것도 없고 고급 아파트나 콘도 렌트 비용도 한국의 전세나 월세에 비하면 아주 합리적인지라 삶의 질도 높아진다. 게다가 작은 체력단련실이 딸려 있는 곳이 많아서 꾸준한 운동도 가능하다. 이런 고급 거주지의 경우는 경호원들의 보안도 철저한 편이라 치안 역시 문제가 없다. 사실 너무 외지거나 으슥한 동네가 아니라면 치앙마이는 전체적으로 치안이 좋은 편이기는 하다. 언어는 대부분 짧은 영어 정도면 지내는 데 큰 지장이 없지만, 장기로 체류할 계획이라면 재미 삼아 태국어를 배워보는 것도 좋을 것 같다. 혹시나 음식이 입에 안 맞을까 걱정하는 사람들이 있을지도 모르겠다. 하지만 한국 음식점도 워낙 많고 한식을 대체할 만한 맛좋은 일본 음식점은 특히나 널렸다. 일식이라면 담백한 생선구이도 있고, 흰 쌀밥에 야채 절임 같은 반찬류도 있으니 전혀 걱정할 것이 없다. 실제로 은퇴 후 몇 년씩 치앙마이에 살다가 가는 백인 노인들이나 일본 노인들이 많다. 한국의 경우 아직 그렇게 흔한 케이스는 아니다.

방학을 맞이한 대학생들 또한 두말할 것 없이 치앙마이 두달살이 대찬성이다. 20대 초중반의 나이에 다양한 경험을 쌓을 수 있다는 것만으로도 시도해볼 만한 가치가 있다. 특히 퇴사 후 이직을 준비 중이거나 입사 전 한두 달의 여유가 생긴 젊은이들에게는 더할 나위 없이 좋은 기회다. 노트북으로 글을 쓰거나 작업하기에도 제격이고, 새로운 출발을 준비하며 재충전하기에도 알맞다. 나아가 요즘은 혈혈단신 혼자 떠나는 젊은이들도 많다. 치앙마이는 혼자 여행하기에 특히 적합한 도시다. 우선 치앙마이 사람들은 성정이 순박하고 유순해 크게 부딪칠 일이 없다. 이들은 남들에게 그다지 관심이 없고, 외국인에게도 익숙해서 혼자 다니는 여행객을 유별나게 쳐다보거나 기웃거리지 않는다. 도시 자체가 워낙 작아서 구석구석 빠짐없이 떠돌기에도 부담이 없다. 노트북 하나 들고 나와 종일 여유 부릴 카페도 도보로 갈 수 있고, 음식의 양이 적은 편이라 혼자 이것저것 시켜서 먹기도 좋다. 여러 가지로 혼자 떠날 이들에게 마음이 가뿐한 도시다.

아이가 있는 가족 단위의 여행객들은 조금 신중할 필요가 있다. 요즘 한국의 공기가 워낙 안 좋다 보니 아이들이 자유롭게 뛰어놀 수 있는 환경을 위해 해외에서 살아보기를 계획하는 경우가 많은데, 사실 치앙마이도 썩 쾌적한 편은 아니다. 화전을 하는 2~4월경을 피한다고 해도 훌륭하지 않다. 편의성이 좋은 님만해민은 매캐한 매연이 좁은 도로에 가득하고, 인도가 제대로 마련되어 있지 않다. 횡단보도나 신호등도 마땅히 없다. 한시도 눈을 떼기 힘든 아이들은 어른이 통솔한다고 해도 쉽지 않을 것이다. 어학원을 보내려고 하는 경우도 종종 본다. 치앙마이보다는 영어권 국가나 영어 교육에서 국제적으로 정평이 나 있는 상하이, 홍콩, 말레이시아 일부 지역 정도가 좋을 것 같다. 이런 부분들을 확실히 인지하고도 선택한다면 말릴 이유는 없다. 어린 시절에 한 달이든, 두 달이든 새로운 환경을 접해보는 것은 자기만의 경험이 되어서 삶을 살아가는 데 자양분이 될 수 있기 때문이다.

1. 예산 잡기

두달살이 예산은 떠나는 사람의 상황이나 원하는 컨셉, 방향에 따라 천차만별이다. 혼자 떠나는지, 친구 또는 가족과 함께 떠나는지에 따라서도 다르다. 하지만 치앙마이의 경우 다른 해외 도시에 비해 아주 적은 예산으로 두달살이를 계획할 수 있는 건 사실이다. 평균적으로 하루 인당 약 1,000~3,000밧(5~10만 원) 정도면 식사와 이동 비용이 충당된다. 숙박비, 식사, 교통비 정도의 가격을 미리 체크해보면 예산을 가늠할 수 있을 것이다. 환율은 2019년 8월 기준으로 1밧당 약 39원 정도다.

- **항공**(성수기 기준)
  직항 왕복 18,000밧(70만 원)
  경유 왕복 14,000~17,000밧(55~65만 원)

- **숙박**(성수기 기준)
  원룸 콘도 1달에 11,000~17,000밧(40~60만 원)
  3~4성급 호텔 1박에 1,000~3,000밧(4~11만 원)

- **대중교통**
  그랩 택시(외곽에서 올드시티까지) 80~90밧(3,500원)
  성태우 기본요금 30밧(1,100원)

- **식비**
  길거리 팟타이 30밧(1,100원)
  맥주 한 병 40밧(1,500원)
  음식점 한 끼 평균 100~150밧(3,900~5,900원)

2. 숙소 찾기

치앙마이에서 합리적으로 숙소를 계약하고 싶다면 첫 이틀 정도 호텔에 묵으면서 발품을 파는 것이 좋다. 몇 군데의 콘도와 아파트를 정한 다음, 차를 렌트해(8시간 기준 1,500밧) 돌아다니며 사무실을 찾아 문의하면 된다. 숙소 비용을 반 정도로 절약할 수 있지만, 대부분 두세 달 이상씩 계약이 가능하다.

갑작스러운 변수가 걱정된다면 에어비앤비로 예약을 확정하고 가는 것도 방법이다. 단, 막상 도착하면 사진과 달라 실망하는 경우가 있으니 슈퍼호스트인지, 후기는 어떠한지 등을 꼼꼼히 따져봐야 한다. 한 달 이하의 단기로 묵을 예정이라면 호텔이나 리조트, 게스트하우스를 예약하는 편이 좋다.

님만해민, 올드시티, 산티땀, 센트럴 페스티벌 외곽, 창클란 등을 추천하는데, 이 책 45쪽 '님만해민 vs. 올드시티'를 참고하여 위치와 시설, 편의 시설 등을 확인한 후 본인의 취향에 맞는 지역을 선택하면 된다.

체크할 것들

- **보증금, 월세, 인터넷, 수도, 전기요금** 보통 입주 시 한 달치 금액을 보증금으로 내고 별 문제가 없다면 퇴실 시 돌려받는다. 수도요금과 전기요금은 유닛당 몇 밧인지로 계산한다. 가끔 청소비를 따로 받는 경우도 있으니 체크할 것.

- **숙소 내에 구비된 가전제품의 종류** 숙소에 갖춰져 있는 시설은 무엇이고, 없는 것은 무엇인지 꼼꼼하게 확인한다. 숙소 내에 세탁기가 있는지, 전자렌지 및 냉장고와 인덕션 등 기본적인 주방 시설을 잘 갖추고 있는지 같은 것들 말이다.

3. 출발하기

직항 한국에서 치앙마이로 바로 닿는 직항은 대한항공과 제주항공뿐이다. 대한항공은 매일 18:20~22:05, 제주항공은 주 5회 18:00~21:35 운항한다. 치앙마이로 출발할 때는 5시간 40분, 치앙마이에서 한국으로는 5시간 10분이 소요된다.

경유 방콕으로 입국하여 국내선을 타고 치앙마이로 가는 방법도 있다. 진에어, 에어아시아, 이스타항공, 타이항공 등을 이용할 수 있는데, 6시간 정도가 소요된다. 이외에 방콕에서 기차 또는 버스를 이용해 치앙마이로 들어갈 수도 있다.

- **방콕에서 비행기로 치앙마이 가기** 1시간이 조금 넘게 걸리며 미리 잘 찾으면 편도 3만 원대에도 표를 구할 수 있다. 오전 6시 이후부터 오후 10시 이전까지 시간대별로 수시로 운항한다.

- **방콕에서 기차로 치앙마이 가기** 방콕 후알람퐁역 Hualamphong Station에서 치앙마이까지 약 14시간이 걸리지만 침대칸에서 편하게 누워 잠을 자며 이동하는 낭만을 경험할 수 있다. 편도 3만 원대.

- **방콕에서 버스로 치앙마이 가기** 방콕 북부 모칫터미널Mo Chit Bus Terminal에서 출발하며 약 10시간이 소요된다. 내부 시설이 훌륭한 리무진 버스라 의외로 이용하는 사람이 많다. 편도 3만 원대.

4. 챙겨가기

수건 숙소에 보통 네 장 정도가 제공되는데 아침저녁으로 씻고 나면 매일 빨아 널어도 부족하다. 수영을 하게 되면 비치 타월도 필요하므로 결국 수건을 한 번도 안 사고 한 달 이상을 지내기는 역부족이다. 그런데 태국의 수건 질이 한국에 비해 많이 떨어질 뿐만 아니라 저렴하지도 않다. 몇 장 정도 챙겨가면 요긴할 것이다.

비상약 태국의 약국에서는 우리나라에서 처방전이 필요한 약들을 쉽게 구입할 수 있다. 그만큼 약효가 강한 것들이 많으므로 평소 본인에게 익숙하고 잘 맞는 약을 챙겨가는 것이 좋다. 부득이하게 치앙마이에서 약을 사야 한다면 감기약은 초록색 포장지의 티피Tiffy, 인후염에는 베타딘BETADINE 인후스프레이와 녹여 먹는 스트렙실Strepsils이 효과가 좋다. 생리통에는 노란 패키지의 폰스탄500Ponstan500, 변비약은 둘코락스Dulcolax, 벌레에 물렸을 때는 잠벅Zambuk 연고, 모기를 쫓을 때는 소펠Soffell 스프레이와 스케톨렌Sketolene 스프레이가 좋다.

긴옷 여름 나라라고 해서 민소매와 반팔, 반바지만 잔뜩 챙기는 우를 범하지 않도록 하자. 강한 냉방으로 인해 실내가 한국과는 비교가 안 될 정도로 춥다. 심지어 나는 봄·가을용 울 가디건을 걸치고 다닐 정도였다.

한국 라면(X) 절대 챙길 필요 없다. 치앙마이 편의점 어딜 가도 한국 라면이 있다. 특히 불닭볶음면은 태국에서 더 인기가 많은지 한국 마트에서는 못 본 종류를 판매했다.

5. 교통수단

성태우 트럭의 뒷부분을 개조한 치앙마이를 대표하는 교통수단이다. 요금을 흥정해야 하는 경우가 많지만 올드시티 안에서는 30밧으로 정찰제다. 웬만한 명소나 관광지는 거의 지나간다. 정류장이 따로 없으므로 도로에 나와 지나가는 성태우를 불러 탑승한다. 천장에 있는 벨을 눌러 하차하고 내릴 때 요금을 지불한다.

RTC 버스 R1부터 R3까지 세 개의 노선을 운행한다. 생긴 지 얼마 되지 않아 쾌적하다. 요금은 20밧. 치앙마이 국제공항~시내 루트를 운행하며, 님만해민과 올드시티, 나이트바자 등 주요 관광명소는 대부분 간다. ViaBus와 CMTRANSIT이라는 어플을 이용하면 실시간 버스 위치와 노선을 확인할 수 있다.
www.facebook.com/rtccmcitybus

그랩 택시 다른 교통수단에 비하면 상대적으로 비싼 편이지만 개인적으로 그랩을 가장 많이 이용했다. 내가 있는 위치에서 원하는 도착지를 설정하기면 하면 정찰제로 가격이 뜨고 기사가 배정된다. 웬만한 거리는 100밧으로 이동 가능하고, 차로 1시간이 걸리는 거리도 200밧을 넘긴 적이 없었다.
grab.com/th/en

이외에 오토바이를 개조한 택시 툭툭은 현지 느낌은 물씬 나지만 소음과 매연이 심하다는 단점이 있고, 미터 택시는 주로 공항에서 시내로의 이동만 운행한다. 오토바이와 자전거를 렌트할 수도 있는데 현지 도로 사정이 그리 좋은 편이 아니라 추천하지는 않는다.

6. 참고하기

- 치앙마이 두달살이에 관한 각종 팁을 얻고 싶다면?

  '아이러브 치앙마이'
  cafe.naver.com/lovelovecm

- 태국 여행의 AtoZ를 알고 싶다면?

  '태사랑'
  cafe.naver.com/taesarang

- 맛집과 명소의 후기 및 평점을 확인하고 싶다면?

  '트립어드바이저'
  tripadvisor.co.kr

- 각종 액티비티, 레저 등을 할인 예약하고 싶다면?

  '클룩'
  klook.com/ko

- 호텔, 리조트를 단기 예약하고 싶다면?

  '에바종'
  evasion.co.kr

- 맛집, 카페 등을 할인 예약하고 싶다면?

  '이티고'
  eatigo.com
  (국가 설정에서 '태국' 선택 후, 도시 설정 시 '치앙마이' 선택)

쉬어가도 괜찮아, 치앙마이니까

일상에 지친 사람들을 위한 두달살이 안내서

2019년 8월 20일 1판 1쇄 발행

지은이　단아

펴낸이　김현표
본부장　최진선
편집　추은희
디자인　신정민

펴낸곳　니케
주소　경기도 파주시 광인사길 103
전화　031-955-6266
팩스　031-955-6267
이메일　mijinsa@mijinsa.com
홈페이지　www.mijinsa.com
등록번호　제406-2013-000125호

ISBN　978-89-97732-06-7 (03810)
값　13,800원